37 segundos

La muerte reveló la ayuda del cielo

El día en que nació mi hijo,
yo morí. Tuve premoniciones
de que esto iba a suceder,
pero nadie me creyó.
Algo aún más increíble fue
lo que yo vería
cuando estuve muerta
durante...

Stephanie Arnold
con Sari Padorr

Grupo Editorial Tomo, S. A. de C. V.
Nicolás San Juan 1043
03100, Ciudad de México.

1.ª edición, septiembre 2018.

Publicado por Harper One un sello editorial de
HarperCollins Publishers
195 Broadway, Nueva York, NY 10007
www.harpercollins.com

Nicolás San Juan 1043, Col. Del Valle
03100, Ciudad de México.
Tels. 5575-6615, 5575-8701 y 5575-0186
Fax. 5575-6695
www.grupotomo.com.mx
ISBN-13: 978-607-415-841-0
Miembro de la Cámara Nacional
de la Industria Editorial N.° 2961

Traducción: Graciela Frisbie
Diseño de portada: Karla Silva
Formación tipográfica: Marco A. Garibay
Supervisor de producción: Leonardo Figueroa

Impreso en México - *Printed in Mexico*

A mis hijos, Valentina, Adina y Jacob.
Gracias por amarme con el corazón más puro,
más fuerte y más sensible.
Todo lo que hago, lo hago por ustedes.

Al amor de mi vida, nunca olvidaré el dolor
que soportamos ni la fuerza que se necesitó
para llegar al otro lado.
Te amo, querido, en esta vida y en la vida futura.

La primera vez es un hechizo: Jonathan y yo durante nuestro primer embarazo juntos, que ahora nos parece una experiencia asombrosamente tranquila.

FOTOGRAFÍA DE LORI ALLEN

Prólogo

«SIEMPRE HE SABIDO que eres una luchadora». Era un discurso motivacional como los que él me había dado antes en muchas ocasiones. «Siempre he sabido que sobrevives», dijo mi tío Marvin tratando de consolarme. Empecé a sollozar de manera incontrolable. Y luego me di cuenta de que él estaba tratando de distraerme para que no volteara. De pronto, un dolor agudo atravesó mi garganta y sentí que algo estaba desgarrando mi estómago. Giré y miré horrorizada cómo un escalpelo abría una herida profunda en el esternón de una persona que estaba en una mesa de operaciones, y llagaba hasta el centro de su estómago. Cuando uno de los médicos se hizo a un lado, pude ver que esa persona era yo.

—¿Puedo salir? —dije con voz entrecortada. Quería salir de la hipnosis—. Creo que voy a vomitar.

—Voy a contar... uno, dos, tres, cuatro, cinco. Respira profundamente una vez más, estás saliendo. Todo está bien —dijo suavemente Linda, mi terapeuta. Mi rostro estaba bañado en lágrimas.

¿Había visto lo que creí ver? ¿Había visto cómo los médicos estaban tratando de volverme a la vida? Estaba en estado de *shock*. Durante meses, la gente me había estado preguntando qué podía yo recordar del momento en que morí en la mesa de operaciones, pero yo no podía recordar nada. Ahora, durante una sesión de terapia de regresión, estaba viendo y sintiendo cada detalle doloroso. ¿Realmente había sucedido así? ¿Estaba yo viendo el pasado a través de una ventana? ¿O estaba recordando un episodio de *Grey's Anatomy (La anatomía según Grey)* que había quedado en mi subconsciente? No podía entenderlo.

Ocho meses antes, yo había muerto al dar a luz a nuestro hijo Jacob. Estuve muerta durante 37 segundos. Lo que me sucedió fue impredecible médicamente, pero mis médicos afirmaron que sobreviví porque yo lo había pronosticado. Había experimentado premoniciones detalladas durante varios meses según las cuales yo moriría el día que naciera mi hijo, y muchas personas, incluyendo a mis médicos, creen que esas visiones me salvaron la vida.

Varios meses después del nacimiento de Jacob, cuando yo ya me había recuperado no solo de haber dado a luz sino también del trauma y de la muerte, me di cuenta de que necesitaba ayuda para procesar esta experiencia en su totalidad. Darme cuenta de que había visto mi propia muerte antes de que ocurriera era demasiado para manejarlo por mí misma. Mis médicos no podían guiarme, los líderes religiosos estaban seguros de que

Dios (o D-os, como muchos miembros de la comunidad judía expresan el nombre de Dios para no correr el riesgo de tomar su nombre en vano) había tenido algo que ver en ello, y mi esposo estaba feliz de que yo estuviera viva, pero como pensador izquierdista, no podía ni siquiera comenzar a comprender cómo había yo podido ver mi propia muerte. Yo necesitaba más ayuda de la que podían ofrecerme los médicos o los rabinos, así que recurrí a la terapia de regresión.

Nadie me preparó para el dolor que estaba a punto de experimentar al regresar al pasado ni para lo que estaba a punto de ver.

Y si era posible regresar al pasado, ¿entonces era posible que en realidad hubiera tenido una conversación con mi tío? Después de todo, él había muerto hacía más de veinte años.

Pronto descubriría, aunque parezca asombroso, que los detalles que había visto al ver el pasado, eran tan exactos como lo habían sido mis premoniciones. Estas experiencias definitivamente me abrieron puertas a un mundo que yo no sabía que existía y ciertamente nunca pensé que algún día pudiera ver. Esta es mi historia, tal como me sucedió y a través de los ojos de las demás personas que fueron testigos de ella.

Capítulo 1

Ella lee manchas, manchas de café en el fondo de cada taza de café turco muy fuerte. Odio el café, pero supongo que mi curiosidad me venció, así que cuando tenía 19 años de edad fui a ver a esta psíquica y a tomarme una taza de café. Quería ver lo que me deparaba el futuro. ¿Serían muchas riquezas, un hombre apuesto, un trabajo que me llevaría a un gran éxito? Nunca esperé escuchar lo que ella me dijo. Dijo que «moriría siendo joven». Yo sabía que estas personas nunca te dan malas noticias, pero ahí estaba. No había riquezas, no había un hombre. No, yo iba a morir siendo joven.

Por supuesto, en ese entonces, pensé que esa predicción tal vez era un ardid de la psíquica para sacarme más dinero obligándome a preguntarle cómo o cuándo. No me convenció. Aunque tal vez debí preguntárselo.

Cuando me estaba recuperando de mi experiencia de muerte, empecé a pensar en esa predicción.

Veintidós años después de que la dama del café supuestamente vio esas fatales manchas, estuve muerta durante 37 segundos a los 41 años de edad. ¿La psíquica en realidad había visto algo en ese entonces, o solo fue una coincidencia? Nunca lo sabré. Pero he llegado a creer que no puedo rechazar la posibilidad de que alguien pueda ver el futuro, ya que varios meses antes de dar a luz a nuestro segundo hijo, tuve visiones que revelaban que yo iba a morir. Eran aterradoras y detalladas. En ese entonces no habría podido decirte por qué o cómo ocurrieron esas visiones, pero definitivamente me salvarían la vida. Como resultado, al volver a vivir mi muerte (aunque en esta ocasión lo hice como observadora) llegué a entender quién me había enviado estos mensajes.

Era el 30 de mayo de 2013, una semana antes de la cesárea que se me había programado, y desperté con un deseo irresistible de fumarme un cigarrillo. Yo no fumo. Nunca he fumado. Pero durante el embarazo, constantemente había tenido este deseo irresistible de hacerlo. Era extraño. Yo ciertamente no iba a fumar, pero solía acercarme deliberadamente a las personas que estaban fumando, solo para percibir el olor al tabaco. Era extraño, lo sé.

Vencí ese deseo irresistible y me dirigí a la cocina para comenzar mi día. Cuando le estaba preparando el desayuno a mi hija Adina, sentí algo extraño. De pronto sentí un calambre, miré mi ropa interior y vi que había sangre. No eran solo unas gotas, era un sangrado abundante que manchó mi camisón y formó un charco bajo mis pies. Adina se quedó ahí parada mirándome fijamente con terror en los ojos. Asumí mi papel de mamá responsable y traté de limpiar el charco. Lo único que se me ocurría era seguir sonriendo, ser positiva y decirle que ella iba a conocer a su hermano ese día. Yo no quería que ella se asustara, aunque yo estuviera asustada.

La verdad es que estaba aterrorizada. No sentía dolor, solo estaba en estado de *shock*. Y tomando en cuenta la expresión del rostro de mi hija, ella se sentía igual. Así que sonreí y me mostré emocionada; ella se distrajo lo suficiente para no concentrarse en el hecho de que, como ella dijo, yo estuviera «haciendo pipí rojo».

Me tranquilicé y llamé a Tessi para que subiera. Ella fue la enfermera de Adina cuando nació. También era una amiga cercana de la familia, y le había dicho a mi esposo que no me dejaría sola cuando él estuviera fuera de la ciudad, debido a las complicaciones que yo estaba teniendo en el embarazo. Agradezco que ella haya estado ahí esa mañana.

Yo sabía que necesitaba ayuda de inmediato, así que me preparé para irme al hospital. Mientras le poníamos el cinturón de seguridad a Adina en el coche, un millón de cosas pasaban por mi cabeza.

Tenía que llamar a Jonathan, mi esposo, que estaba en una reunión en Nueva York. Yo podía haber caminado al hospital que estaba justo detrás de nuestra casa en Chicago para recibir atención médica de inmediato, pero quería estar con los médicos que conocían mi historial médico. Así que sabía que tenía que conducir el auto. Tessi se dirigió al asiento del conductor, pero le dije bruscamente que no lo hiciera. Yo sabía que ella se pondría nerviosa y no sabría por dónde ir. El hecho de dirigirla y decirle que se pasara los semáforos en amarillo, solo haría que entrara en pánico, así que le dije que ocupara el asiento de atrás. Yo todavía estaba sangrando, pero calculaba que podría llegar al hospital en 15 minutos. Sentía que tenía suficiente tiempo. Bueno, tal vez no fue la decisión más inteligente que he tomado, y por supuesto estaba consciente de lo que podría suceder. Aun así, yo había tenido muchos temores y premoniciones en relación con ese día, pero morir en un accidente automovilístico no era parte de ellas.

Empecé a rezar. Recuerdo que el rabino de mi familia me enseñó cuando yo era niña que la oración Shema significa muchas cosas, pero que su propósito primordial es dar protección. Se supone que los judíos deben decir esta oración cada mañana y cada noche para que su poder ayude a proteger sus almas. Yo necesitaba desesperadamente esa protección en ese momento. Y estaba segura de que si nadie más podía ayudarme, mi fe judía en Dios lo haría. Así que elevé esta plegaria.

Tenía las cosas bajo control y conducía con tanta calma como me era posible. Usé una toalla sanitaria para contener el sangrado por el momento. Llamé a mi esposo y le dije que necesitaba abordar un avión y regresar a Chicago porque estaba a punto de dar a luz. Llamé a mi padre para decirle que iba camino al hospital, pero no compartí mis temores con mis padres, ya que lo único que habría logrado sería atemorizarlos. Tenía la horrible sensación de que era una bomba de tiempo a punto de estallar. Pensando en mi hija, decidí guardar mis temores y seguir adelante a pesar de todo.

En el breve periodo que tardamos, ese día de mayo, para llegar a toda velocidad al Hospital Prentice para Mujeres, en el Centro Médico del Noroeste, en Chicago, me di cuenta de que ese momento era la culminación de todas mis esperanzas y temores: mi esperanza de expandir mi familia con el hombre que tanto amaba, y mi miedo de que no sobreviviera al parto. Era más que un temor normal. Yo sabía que iba a morir.

Durante los primeros cinco meses, mi embarazo había sido físicamente perfecto; exactamente lo opuesto a lo que había experimentado con Adina, nuestra primera hija. En esta ocasión, no tuve náuseas matutinas, reflujo ácido ni calambres en las piernas. Nada.

Dediqué gran parte de mi segundo trimestre de embarazo preparando nuestra casa en Chicago para la venta, para que pudiéramos mudarnos a Nueva York. Mi esposo, Jonathan, había aceptado el puesto de economista en jefe, en la Oficina del Procurador General en Nueva York. Era el puesto de sus sueños. Había deseado trabajar para el gobierno desde que lo conocí. Pero era una decisión que no tomamos a la ligera, ya que teníamos planes para expandir nuestra familia y alejarnos de las raíces que teníamos en Chicago. Volar de Chicago a Nueva York se estaba convirtiendo en un ritual de cada semana para nosotros. Me aseguré de tener obstetras en ambas ciudades, solo para estar segura.

Era el 7 de febrero, y habíamos regresado a Nueva York para el ultrasonido de las 20 semanas, que era tan importante. Es el chequeo médico en el que ven la columna vertebral y todos los órganos, y pueden ver con más claridad si hay complicaciones graves en relación con el bebé. Yo estaba pensando en mi embarazo fácil cuando el radiólogo se presentó después del chequeo y dijo sin rodeos:

—Usted tiene placenta previa total. Regreso en un minuto—, y salió de la habitación para atender una llamada.

¿Qué? ¡¿Qué?! ¿Qué significa eso? ¿Está en peligro el bebé? ¿Estoy en peligro? Miré a Jonathan y le dije, muy decidida:

—Tengo un tipo de sangre poco común, y no sé lo que es una placenta previa, pero tengo un sentimiento negativo con respecto a esto.

—No nos adelantemos —dijo Jonathan con calma y en forma racional—. Informémonos sobre esto y tomemos las precauciones adecuadas.

Cuando regresó el cardiólogo, dijo:

—No es nada por lo que deban preocuparse. Conforme el útero crece, puede salirse de su lugar. Usted no necesita restringir sus actividades. No es grave.

Eso fue todo, no había nada más. Jonathan sintió alivio, pero yo ya me estaba comunicando con mi obstetra ginecóloga en Chicago, la doctora Julie Levitt, recibí su respuesta cuando salía del hospital: «Definitivamente necesitas restringir tu actividad. Acabo de tener una paciente con placenta previa que tuvo que quedarse en una cama de hospital durante 72 días antes de dar a luz a las 35 semanas». Me dije: *Esto es grave*.

Después de servirle la cena a la familia y de instalarnos en nuestro apartamento en esa noche fría de febrero, empecé a buscar «placenta previa total» en Google. Es una condición en que la placenta «yace en la parte baja del útero bloqueando el cuello del mismo». Mi corazón empezó a acelerarse. Seguí leyendo: «Puede causar sangrado y es posible que cause complicaciones. Se requiere una cesárea».

Sentí escalofríos por toda la columna vertebral. ¡¿Complicaciones?! Ya me habían hecho una cesárea cuando nació Adina, y la posibilidad de tener placenta previa después de una cesárea era menor al 5 por ciento. No obstante, la cabeza me daba vueltas. Leí una página tras otra sobre todas las complicaciones, con el deseo de retener tanto como me fuera posible. Entonces, como si estuviera viendo una película en la pantalla de mi computadora, vi desenvolverse un destello de mi futuro.

Me vi en una mesa de operaciones. Vi a los médicos trabajando asiduamente conmigo. Vi a Jonathan, tenía en brazos a Jacob, nuestro hijo recién nacido, que estaba bien. Pero yo no estaba bien. Vi que tenía la boca abierta y que mi cuerpo yacía en la mesa de operaciones como un trozo de carne. Estaba muerta.

¡¿Qué fue eso?! Sacudí la cabeza con incredulidad. ¿Qué acabo de ver? No tenía idea del origen de esas imágenes. Empecé a caer en pánico. Tuve que recuperar el aliento. ¿Cómo podía yo ver algo así? ¿Por qué vería algo así? ¿Estaba yo tan asustada que obligaba a mi mente a imaginar lo peor?

Entré corriendo a la recámara y le dije a Jonathan lo que había pasado. Una vez más, él trató de calmarme diciendo:

—Definitivamente eso es lo peor que podría pasar. No es necesario sentir pánico. No va a pasar nada.

Pero yo sabía que no solo era mi imaginación. Tuve una reacción visceral ante lo que vi. Mis manos estaban heladas hasta las yemas de los dedos. Sentía mi cuerpo muy pesado. Esta no era la ansiedad normal del embarazo. Ya había dado a luz antes y esta sensación no tenía nada que ver con el nerviosismo de mi primer embarazo. No estaba segura de la razón por la cual había visto esto, pero de inmediato sentí que la «visión» era real. Estaba convencida de que no sobreviviría al nacimiento de mi hijo.

Capítulo 2

Al día siguiente de esa primera visión, tuve otra. En ella, llevaba yo a Adina en su silla de bebé por un parque en Tribeca para llevarla a la escuela. Todavía estaba nerviosa por lo que había visto la noche anterior, que daba vueltas y vueltas en mi mente; trataba de entender qué diablos era. Me preocupaba el hecho de haber «visto» esa breve película, pero lo que más me preocupaba era lo que había visto. Nunca había tenido alucinaciones o crisis nerviosas, y nunca me había imaginado cosas que no eran reales.

Constantemente me decía que me calmara y respiraba profundamente. Adina estaba feliz de ir a la escuela, su vocecita y su sonrisa me ayudaron a hacer a un lado mis pensamientos.

Mientras caminaba sintiendo el aire fresco, vi una fuente vacía e imaginé lo hermosa que se vería cuando tuviera agua de nuevo en la primavera. Casi podía ver el flujo del agua y la forma en que la fuente la lanzaba en todas direcciones. En ese momento tuve la siguiente visión. De pronto, el flujo de agua que había imaginado se convirtió en sangre; estaba yo viendo el interior de mi cuerpo y el momento en que la sangre empezaba a salir, al convertirse en una hemorragia y a formar charcos. Veía sangre saliendo de mis venas, saliendo por el útero y bajando por mis piernas. Y no solo la veía, también la sentía.

Tan pronto como la visión llegó a mi mente, desapareció. Me agarré de la silla de bebé para no perder el equilibrio, para evitar caerme. Los sonidos del tráfico me hicieron volver a la realidad. ¿Qué diablos fue eso? Parecía real, y lo peor era que se sentía real. *¿Me estoy volviendo loca? ¿Así se siente uno cuando tiene una crisis nerviosa?*

Poco después, Adina y yo llegamos a la clase para madres e hijas. Seguí las instrucciones pero mentalmente no estaba ahí, y en cuanto salimos de la clase llamé a Jonathan. En esta ocasión, él parecía estar un poco más preocupado por lo que yo le estaba diciendo. Una vez más trató de consolarme sin entender realmente lo que me pasaba. ¿Pero cómo podría entenderlo? Yo en realidad tampoco entendía lo que estaba ocurriendo. Sin embargo, sabía que sin importar lo que fuera, no era bueno.

Hice todo lo que pude para hacer a un lado mis temores y seguir mi rutina normal.

Varios días después, estaba haciendo las compras de la semana, sin prestar mucha atención a lo que necesitaba mientras caminaba sin rumbo por el pasillo de la tienda. Di vuelta en una esquina para ir a la sección de panadería. Entones tuve la siguiente visión, tan clara como el día. Fue otra película breve, y me sacudió hasta el centro de mi ser. Vi mi funeral.

Estaba yo dentro de un ataúd brillante, color café, y llevaba la chapa de identificación militar de Jonathan como miembro de la Fuerza Aérea. Él llevaba puesta una túnica religiosa y estaba de rodillas a un lado del ataúd, llorando. Había un toldo blanco sobre el área del funeral, que era una colina pequeña desde donde se veían cientos de sepulcros y agua.

En la siguiente imagen, Jonathan estaba elevando una oración. Se conoce como la oración Eshet Chayil, o «Mujer de Valor», del Libro de los Proverbios 31, y él me la dice todos los viernes por la noche. Es su forma de bendecirme porque cuido a la familia, y también es su forma de hacerme saber cómo se siente al estar casado conmigo. Observé cómo la familia empezaba a preparar el pan *challah*, los niños lo amasaban y dejaban caer más harina en el suelo que en el tazón. Tratando de conservar la compostura, Jonathan se limpiaba las lágrimas de los ojos para que los niños no se dieran cuenta de lo mal que se sentía. Era obvio que los estaba protegiendo, orando por su felicidad y su paz, y haciendo su mejor esfuerzo para evitar que sintieran el dolor que a la larga produciría en ellos mi ausencia.

Una vez más, yo no me lo estaba imaginando… lo estaba viendo.

¿Qué me estaba pasando? ¿Me estaba volviendo loca? ¿O eran estas visiones tan reales como yo las sentía?

HASTA ENTONCES, yo siempre había sido tranquila y serena. Tenía que ser así para trabajar en la industria de la televisión. A lo largo de los años había producido programas de televisión y videos musicales con estrellas como Sarah Jessica Parker y Julio Iglesias, y el mundo demente y vertiginoso de la producción me hubiera devorado si yo no hubiera tenido todo bajo control.

Durante mi juventud y siendo una mujer adulta joven, tuve el impulso de salir adelante y me casé con mi carrera. Las relaciones siempre estaban en segundo lugar, después de mi trabajo, y nunca consideré la posibilidad de tener una familia. No era que no saliera con amigos o que no creyera en el amor. Tomé una breve desviación cuando tenía veintitantos años y me casé por todas las razones equivocadas. Ese matrimonio no duró, y a partir de entonces nunca pensé en mi futuro, más allá de la siguiente fecha de entrega de algún trabajo. Estaba convencida de que el matrimonio no era para mí. Pero todo eso cambió el día que conocí a Jonathan Arnold.

Yo vivía en Los Ángeles, y un amigo mutuo sugirió que conociera a «este economista que era maravilloso». Yo ni siquiera sabía lo que hacía un economista, y mucho menos si yo tendría algo en común con él. Jonathan vivía en Chicago pero viajaba a Los Ángeles con frecuencia para visitar a su hija, Valentina. Me llamó en uno de sus viajes a Los Ángeles, y lo que sentí durante los siguientes 45 minutos fue una llamada telefónica que no se parecía a nada que ninguno de los dos hubiéramos experimentado. Hablamos de religión, de nuestras relaciones del pasado, de política, e incluso hablamos de cómo creíamos que seríamos dentro de cinco o diez años.

Fue como si lo hubiera conocido toda la vida. Es difícil expresar esto en palabras, pero fue como si una fuerza magnética instantánea nos acercara uno al otro. Tiempo después, Jonathan dijo que cuando colgó el teléfono pensó: *Creo que acabo de hablar con la mujer con la que pasaré el resto de mi vida.* Yo sentí lo mismo, pero para mí fue necesario tener la primera cita para estar segura de que la energía que había sentido al hablar por teléfono era real. Cuando lo vi cuatro días después, estaba completamente convencida y di un giro de 180 grados. Quería casarme con él.

Nos vimos noche tras noche durante los tres días siguientes y hablábamos siempre que teníamos la oportunidad. En el octavo día de este cortejo tipo torbellino, él me escribió una carta de amor y planteó varias preguntas:

¿Cómo puede un hombre ir de cero
hasta el amor en tres citas,
aunque estas sean con alguien tan espectacular como tú?
¿Qué me da la capacidad de atraparte...
la chica que se especializa en impedir una captura?

Yo deseaba poder ser poética, pero lo único que pude pensar en hacer como respuesta fue grabarle un casete. Me sentía como si hubiera regresado a la preparatoria.

Ambos estábamos enamorados. Tanto así que yo no podía esperar para casarme con él. Pocos meses después de la primera llamada telefónica decidimos fugarnos. Queríamos que ese día especial fuera solo para nosotros y Valentina. Todo pasó muy rápido y Jonathan compró por Internet dos anillos de matrimonio de cuarenta dólares que le entregaron al día siguiente. Después hicimos planes para otra boda a la que invitaríamos a nuestros familiares y amigos varias semanas después, y con otro juego de anillos «adecuados».

Pude ver cómo mi carrera se desvanecía por el espejo retrovisor cuando me fui a vivir a Chicago, y aunque sea increíble, no lo lamenté durante mucho tiempo. Me acostumbré a mi nueva vida «hogareña», y todo lo que antes me parecía importante se volvió irrelevante en un instante. Pasé de no desear una familia a desear ser la madre de *sus* hijos. Pasé de cero a cien en cuestión de minutos.

El amor que había entre nosotros creció en intensidad día tras día. Él con frecuencia me escribía cartas de amor, y su hermosa prosa me dejaba sin palabras:

En una ocasión Víctor Hugo escribió:
«La vida es una flor en la que el amor es la miel»,
y David Viscott escribió:
«Amar y ser amado es sentir el sol por ambos lados».
Estas palabras que son hermosas y verdaderas,
no son capaces de captar la naturaleza abrumadora
de lo que siento por ti… y por nuestro amor.

Tú eres la pulcritud personificada física,
emocional y espiritualmente…
y por lo tanto siento envidia de mí.

Sus palabras me causaban una felicidad de delirio. Había yo encontrado a mi alma gemela y esperaba compartir una vida plena y envejecer con él.

PERO AHORA, que estaba esperando a nuestro segundo hijo, mi temor y el bebé eran lo único que crecía en mí. Yo creía firmemente que iba a morir al dar a luz a nuestro hijo y que se me separaría de mis hijos y del hombre al que amaba tanto. Era demasiado doloroso para soportarlo.

Las «premoniciones», como empecé a llamarlas, seguían llegando. Una me mostró que sería necesario que me hicieran una histerectomía. Veía que mis órganos se mezclaban entre sí, que la placenta y el útero se fusionaban, que la sangre, las células, los tejidos y los órganos se fusionaban, era aterrador. Durante todas estas visiones, yo estaba segura de que Jacob estaría bien. Pero también estaba segura de que yo no lo estaría.

Jonathan, como el esposo bueno y amoroso que era, trataba de calmarme, pero en esta ocasión sus palabras no causaban ningún impacto en mí. Pasé horas en Internet buscando respuestas a lo que estaba viendo. Visualizaba cómo mis órganos se «fusionaban»; la condición en que la placenta se une con el útero, se conoce como placenta *accreta* (adherida). Él me decía tratando de consolarme: «Tener una placenta *accreta* que lleve a la histerectomía no es común, es menos del 1 por ciento. Trata de sacar eso de tu cabeza».

Emocionalmente, no podía calmarme. Lógicamente, yo entendía exactamente la forma en que él quería consolarme.

Jonathan encuentra consuelo en los números. Como hijo de un diplomático del Servicio Exterior de Estados Unidos, creció viajando de un país a otro. Por eso era difícil para él tener amigos y conexiones profundas con las personas, así que recurrió a los libros.

Las matemáticas llegaron a ser su primer amor y seguirían teniendo prioridad mientras estudiaba su licenciatura, su maestría en administración de empresas y el doctorado en economía en la Universidad de Chicago. Jonathan prestó servicio en la Fuerza Aérea como piloto de *jets* militares, recibió entrenamiento en vuelos de emergencia y en el manejo de desastres, y aprendió a conservar la calma durante una crisis.

Esta era una crisis. Él calculó el resultado probable del peor escenario. Mientras se esforzaba al máximo para tranquilizarme a su manera, sus cálculos me daban poco consuelo. Jonathan estaba usando todo lo que tenía en su caja de herramientas para tratar de aliviar la ansiedad que yo sentía, pero nada estaba funcionando. Él se sentía frustrado porque nada de lo que él hacía podía consolarme y porque nada de lo que yo decía sobre mis preocupaciones tenía sentido para su mente matemática. Él pensaba que las hormonas me estaban ganando la partida. Pero yo estaba segura de que mis premoniciones no podían atribuirse al estrógeno. Yo estaba experimentando un *conocimiento*; la misma clase de conocimiento que había tenido cuando supe que Jonathan era mi alma gemela.

La coherencia de esas imágenes me llevaba a un pánico total. Siempre que miraba a Adina, lloraba. Me sentía impotente y sin esperanza, y sin quererlo hablaba de mis terribles miedos con mis amistades y hasta con personas que no conocía bien. Rosalind, mi mejor amiga, que siempre aportaba la voz de la razón y que tenía un fuerte sentido de fe, me decía: «No caigas en la locura. Esto está en manos de D-os. Vas a estar bien». Hablé de esto con mi prima Sari, y me aseguró que «nada va a suceder. Todo estará bien». Le dije a la esposa de un amigo de mi esposo que yo iba a morir. Simplemente se lo solté. Todavía recuerdo su expresión, pues no nos conocíamos bien. Ella era psicóloga especializada en temas relacionados con el embarazo, terapia para parejas, y fertilidad. En ese momento, ella también estaba embarazada, y se me quedó viendo con los ojos muy abiertos. Habló de esto con su esposo y le dijo que nunca había oído que una mujer embarazada hablara como yo lo había hecho. Estaba temerosa por mí, pero era poco lo que podía hacer para ayudarme.

Yo buscaba desesperadamente a alguien que me lanzara un salvavidas, pero no pasaba nada. Mi asesor cambió el tema de inmediato cuando se lo dije, y mi vecina me explicó que ella había tenido pesadillas cuando estaba esperando a su segundo hijo y que tal vez eso era lo que me estaba pasando. ¡Ahhhh! ¡*Definitivamente* eso no era lo que me estaba pasando! Yo estaba totalmente frustrada y aterrorizada de mi mente, pensando en que todo eso se hiciera realidad o que en realidad la estaba perdiendo. Esperaba que fuera esto último, pero en cierta forma sabía que lo primero estaba en las cartas del destino para mí. Nadie me tomaba en serio. ¡Yo no tenía miedo a dar a luz! ¡Tenía miedo de morir!

Decidí que necesitaba de la intervención divina. Recurrí a mi rabino, a quien me había acercado mucho cuando vivía en Los Ángeles. El rabino Chaim Mentz es un judío ortodoxo, y cuando nos conocimos formamos una familia instantánea. Lo conocí gracias a un amigo común, y de inmediato sentí que él y su familia tenían hacia mí una actitud de cuidado y compasión. Él es el gurú a quien recurro en todo lo relacionado con el judaísmo y, además, en todas mis decisiones en la vida. Estando con él, sientes que de él fluye seguridad y que nada malo va a suceder. Lo llamé y él supo de inmediato lo que yo necesitaba hacer. Me dijo:

—Necesitas llevar a Jonathan al sitio donde está enterrado el rabino Menachem Schneerson. El papel del esposo y el padre es orar por la familia.

El rabino Schneerson, también conocido como «el Rebe», que significa «maestro o mentor» y se considera que fue uno de los líderes judíos de mayor influencia en el siglo xx. Encabezó el movimiento Chabad-Lubavitch, y dicen que todos los que lo conocían experimentaban cambios profundos solo por su presencia. Yo tuve la fortuna de conocerlo dos años antes de su muerte. En ciertos días del año, la gente se reunía para encontrarse con él en Brooklyn. Él le entregaba un dólar a cada persona, y mientras esperabas con ansiedad y conteniendo el aliento, te daba una percepción profunda sobre algo. Podías pedirle una bendición e incluso hablarle de tus preocupaciones, y él siempre tenía algo increíblemente inspirador que decirte. Un día fui a verlo y me entregó un dólar. Yo tenía 21 años de edad, nada me preocupaba en el mundo y no esperaba nada de él. Ni siquiera sabía por qué estaba yo desperdiciando el dólar qué él me había dado, pero de pronto me dijo: «Vas a tener hijos, pero será un camino difícil». Eso fue todo. Me alejé de su presencia, y al día siguiente, como lo haría una jovencita ingenua, gasté el dólar que él me dio en una Coca-Cola y nunca volví a pensar en ello. Es decir, hasta que nació mi hijo.

Muchos judíos jasídicos creen que el Rebe es el Mesías; aunque ya murió, creen que todavía emana un poder que será una respuesta a sus oraciones. Yo no sé si creía en todo eso, pero estaba dispuesta a intentar cualquier cosa. Tal vez Jonathan experimentaría cierta clase de energía en el sitio donde fue sepultado el Rebe, y llegaría a entender que lo que yo estaba experimentando no era hormonal. Tal vez habría una señal y yo sentiría alivio al saber que no moriría. Al menos, eso era lo que esperaba.

Yo siempre había tenido una fe ciega en D-os, aunque no necesariamente en quienes interpretan la religión. Asistí a una escuela religiosa cuando era niña y aprendí mucho sobre el judaísmo. Pero en lugar de darme respuestas, esta educación religiosa solo provocó más preguntas. Supongo que fue difícil para mí aceptar algunos aspectos de la religión, ya que tenían que aceptarse por la fe, y me era difícil aceptar cosas que no podía ver con mis propios ojos. Sin embargo, sí creía en D-os, y en ocasiones había pedido su ayuda. Esta sería una de esas ocasiones.

El rabino Mentz dijo que él podía viajar a Nueva York para llevarnos a Jonathan y a mí al Ohel, el edificio en el Cementerio Montefiore en Queens, donde estaba el sepulcro del Rebe. Algunas personas lo llaman «El Muro Occidental Americano». Hay un lugar donde uno puede sentarse y escribir su oración. Jonathan y yo nos sentamos separados para pensar en lo que queríamos escribir. Yo sabía que uno no debe orar por sí mismo, por su propia salud, felicidad o bienestar. También sabía, sin haberlo pensado por mucho tiempo, exactamente qué iba yo a escribir: que Jacob fuera un niño feliz y sano. Tenía la esperanza de que Jonathan escribiera una oración por mí, y casi elevaba una oración pidiéndolo, pero no podía decirle que lo hiciera. Tenía que brotar de su propio espacio espiritual.

Cuando terminamos de escribir nuestras oraciones, caminamos por el cementerio hacia un edificio más pequeño que solo tenía un cuarto con dos puertas, una era la entrada para las mujeres y la otra era la entrada para los hombres. Un muro de velas y libros de oraciones adornaba la sala tenuemente iluminada. Entramos por la puerta que nos correspondía y nos reunimos al otro lado.

El rabino Mentz nos dijo que leyéramos en voz baja nuestras oraciones hacia el sepulcro, rompiéramos el papel donde estaban escritas y lo echáramos ahí. No escuchamos lo que los demás dijeron, pero después supe que nuestras oraciones habían sido iguales: «Que Jacob sea un niño feliz y sano». También supe que no hubo una oración por mí. Jonathan me dijo que nunca pensó que fuera a pasarme nada malo y que no quería que un pensamiento negativo pasara por sus labios por temor a que afectara mis resultados. ¿Significaba eso que él era más espiritual de lo que quería admitir? Hablamos sobre eso después, pero cuando estábamos en el cementerio él tuvo un pensamiento pasajero de que tal vez el embarazo era difícil porque algo estaba mal en el bebé, así que decidió concentrar su energía en él.

A decir verdad, lo que pensé que sería un momento de mucha inspiración para mí resultó ser un momento triste. Me sentí desolada al saber que nadie me había enviado su energía positiva. Estábamos en un cementerio sagrado donde se suponía que nuestras oraciones serían escuchadas. Si íbamos a contar con la intervención divina, este era el lugar donde la obtendríamos. Pero al no elevarse una oración en mi nombre, no parecía que eso fuera a suceder.

Si mi fe, mi familia, mis amigos y el rabino no podían ayudarme, tal vez los médicos podrían hacerlo. Le dije a Jonathan que quería hacer citas con todos los médicos que me fuera posible. Él dijo que estaba preocupado de que al ir con demasiados médicos, ordenaran demasiados exámenes médicos que podrían dañar al bebé.

Tenía razón. D-os nos libre de que le pasara algo a Jacob. Habíamos trabajado mucho para tener nuestros hijos. No podíamos concebir por los medios normales, así que me sometí a siete rondas de fertilización *in vitro* para tener a nuestros hijos. Fue un proceso doloroso y tuvimos varios fracasos por los que sufrimos altibajos emocionales.

Definitivamente, yo no quería que algo malo le pasara al bebé que tenía en el vientre, pero había llegado a mi límite. No quería que mis pensamientos me llevaran a una acción que dañara al bebé. Había entrado a foros de Internet sobre el embarazo para obtener información sobre ataques de pánico y premoniciones, pensando que eran una misma cosa, pero nadie había tenido experiencias que se parecieran a lo que me estaba pasando a mí, así que dejé de buscar datos en línea. Decidí resolver mis problemas de otra manera.

Hacía lo que los médicos me permitían hacer en esta etapa de mi embarazo. Me hice exámenes de sangre para verificar todos mis niveles hormonales. Cuando empecé a sangrar ligeramente, corrí al hospital para que me hicieran un ultrasonido. Todo se veía bien, pero de todos modos insistí en tener ultrasonidos tan frecuentemente como pudiera. Quería tener ese contacto visual con el bebé, pero esa no fue mi motivación principal para hacérmelos. Pensaba que los ultrasonidos podrían detectar el problema que veía en mis premoniciones, lo cual explicaría la razón de mis temores y así poder tener un plan de acción. Desafortunadamente para mí, y afortunadamente para Jacob, los ultrasonidos solo revelaron lo que se supone que tenían que revelar: un niño sano que estaba creciendo.

Durante mis primeros ultrasonidos, recordé la hemorragia que había tenido a las 10 semanas de embarazo. Te dicen que no te preocupes si la sangre es negra. Es probable que solo sea sangre vieja que se elimina después de la implantación (que se realiza en la fecundación *in vitro*). Pero a las diez semanas empecé a sangrar y la sangre era de color rojo brillante, no era negra y el sangrado era abundante. Lo interesante fue que yo no creía que estuviéramos perdiendo al bebé. Creía que estaba perdiendo algo más que estaba dentro de mí. Sé que esto no tiene mucho sentido, pero era una sensación de que algo estaba mal, pero no con el bebé. En ese momento, los médicos me dijeron que probablemente estaba sangrando porque había una bolsa de aire o de sangre cuando la placenta se unió al útero y tuvo que expulsarse. Como cuando pones papel tapiz en una pared. Si hay una bolsa de aire, el papel no queda plano hasta que la eliminas. La placenta necesitaba una superficie lisa. Yo no quedé conforme con esa explicación, pero el bebé estaba bien y eso era lo único que nos importaba en ese momento.

Cuando las premoniciones estaban en su apogeo, Jonathan y yo decidimos que necesitábamos una distracción para alejar nuestras mentes de todo eso. El 30 de marzo, cuando faltaban más o menos dos meses para la fecha del parto, fuimos a la ópera. Mi esposo solía ir con frecuencia, estaba enterado de todas las presentaciones y de los artistas que aparecían en ellas, pero yo era neófita en ese campo. Solo quería dejarme llevar por la música y por las maravillosas actuaciones y disfrutar una noche sin que el miedo me distrajera. Plácido Domingo se presentaba en *La Traviata (La Extraviada)* de Verdi en el Met (Metropolitan Opera House). Una amiga de Jonathan nos había dado sus boletos para esa presentación pues los boletos estaban agotados, y tuvimos suerte pues nuestros asientos estaban en la parte media de la primera fila. Eran lugares excelentes para ver una presentación, pero no para una mujer en el séptimo mes de embarazo cuyo bebé le está oprimiendo la vejiga. Puedo decirte que estaba yo muy nerviosa. Cuando caminábamos por el pasillo hacia nuestros asientos, tuve que regresar al baño. Caminé de nuevo por el pasillo, y antes de llegar al asiento de nuevo, tuve que volver al baño. Necesitaba que mi vejiga aguantara hasta el intermedio.

Comenzó la ópera. Violetta es el personaje principal de esta ópera de tres actos. Es una prostituta que se enamora de Alfredo, que es de la familia real. Giorgio, el padre de Alfredo, interpretado por Plácido Domingo, la busca y le dice que necesita alejarse de Alfredo pues su reputación sería una desgracia para su familia si ella continuaba con esa relación. Ella está renuente, pero acepta por amor. Alfredo está enamorado de ella y está dispuesto a hacer cualquier cosa por ella. Lo que ninguno de los dos hombres sabía es que Violetta se estaba muriendo. Ella obliga a Alfredo a dejarla diciéndole que no está enamorada de él, cuando en realidad, desea que la ame hasta el último aliento. Giorgio finalmente le confiesa a Alfredo que él fue la causa de su separación. Violetta y Alfredo se reúnen con gran pasión, y entonces ella cae muerta.

Entonces me di cuenta de que probablemente ver esta historia no era lo apropiado cuando estás pensando en tu propia muerte inminente.

Empecé a llorar, no solo se me llenaron los ojos de lágrimas debido a las excelentes actuaciones de los actores. Estaba sollozando con una angustia llena de dolor. Respiraba con dificultad y me sacudía. A medida que mi llanto era más fuerte, algunos de los miembros de la orquesta voltearon a verme, tal vez pensando que estaban causando esa gran reacción en una persona del público que estaba muy conmovida. Pero yo estaba pensando en mi propia muerte. Estaba pensando que dentro de pocas semanas mi vida terminaría y mi esposo se quedaría con un dolor severo e insoportable. Estaba yo pensando en mi hija y preguntándome si me recordaría. Estaba pensando en mi hijastra, Valentina… ¿recordaría los momentos asombrosos que habíamos creado? Pero ante todo, estaba pensando en el amor que había yo buscado toda mi vida y que había encontrado hacía solo cinco años. Yo no estaba lista para renunciar a él. Jonathan me miró y supo al instante lo que estaba pensando.

Pocos días después, el 1 de abril, ya estaba yo de regreso en Chicago, sentí un calambre y empecé a sangrar.

Capítulo 3

«SOLO PUEDES SUBIR y bajar una escalera al día. No cargues a Adina ni levantes cosas pesadas. Y no conduzcas el auto», ordenó la doctora Julie Levitt, mi obstetra en Chicago. Aunque dijo que todo parecía estar bien, quería reducir la posibilidad de que yo sufriera otro sangrado y necesitara estar en cama e internarme en un hospital. Escuché y obedecí, pero no fue fácil. Yo estaba en Chicago con Adina, y Jonathan estaba trabajando en Nueva York, así que cuando recibimos estas noticias decidí llamar y pedir ayuda. Cuando Tessi estuvo de acuerdo en estar conmigo hasta que naciera nuestro hijo, se redujo mucho mi estrés. Jonathan reorganizó su horario para poder venir a Chicago en los fines de semana, y decidimos no seguir con el plan de poner nuestra casa a la venta hasta que naciera nuestro hijo.

Yo estaba tomando la vida con calma, pero mi mente no dejaba de correr. Las premoniciones seguían agobiándome. No podía dormir; me quedaba despierta toda la noche rumiando la situación. Sentía como si se me estuviera acabando el tiempo. Mi conflicto interno entre querer seguir tratando de encontrar a alguien que pudiera ayudarme y estar paralizada sin saber qué hacer después, estaba creciendo.

Me sobrepuse a mi miedo y me puse en acción. Me puse en contacto con un amigo de Jonathan que era ginecólogo oncólogo, y le dije que tenía miedo de necesitar una histerectomía. Me dijo que eso no iba a suceder, pero si llegara a necesitarse, lo mejor era que un ginecólogo oncólogo realizara el procedimiento ya que esos especialistas se concentran en cirugías femeninas altamente complejas. Una histerectomía inmediatamente después de dar a luz se incluiría en esa categoría. Me recomendó al doctor Julian Schink, el jefe de ginecología y oncología en el Northwestern Memorial Hospital.

Cuando llamé al consultorio del doctor Schink, la recepcionista me dijo que era poco usual que alguien solicitara una consulta con el doctor sobre la posibilidad de una histerectomía cuando no había evidencia de que esta fuera necesaria. Después de todo, él se concentraba en pacientes con cáncer en los órganos reproductivos. No dejaba de preguntarme: «¿Qué tipo de cáncer padece usted?» y «¿está segura de que quiere ver al doctor Schink?».

—Sí —le dije—. Tengo siete meses de embarazo, pero no tengo cáncer. Solo siento que podría necesitar una histerectomía.

Ella creía que yo estaba loca. Mi ansiedad estaba aumentando a medida que hablábamos. Después de darle vueltas al asunto varias veces, mientras ella trataba de decidir en qué categoría tendría que poner mi consulta, llegué a mi límite y le dije casi gritando:

—¿Puedo simplemente hacer una cita con él?

Finalmente me dio la cita.

El 15 de abril, Jonathan viajó en avión y conocimos al doctor Schink. Mientras esperábamos en el recibidor a que nos llamaran, miré alrededor y vi los rostros de las mujeres que padecían cáncer. Se veían grises y enfermas, sin cejas o sin cabello en la cabeza. Algunas llevaban soportes para bolsas intravenosas. Yo no quería encontrarme con sus miradas porque estaba viendo la mortalidad y yo era una mujer embarazada, sana en general, que no padecía cáncer. Me sentí incómoda al estar ahí. Jonathan dijo que le daba pena estar ahí, ocupando el tiempo de este médico cuando todos los demás que estaban ahí tenían una situación de vida o muerte. *Pero, ¿qué yo no tengo esta situación?*, pensé.

Por supuesto, estaba indecisa, no sabía si debía ver a este médico, sabiendo que pensaría que yo era una histérica, una mujer que era una confusión hormonal, pero para entonces ya estaba acostumbrada a esa reacción. Además, me sentía mal porque mi esposo se estaba sintiendo un poco incómodo, pero no me sentía tan mal como para irme. Nadie iba a convencerme de que no viera a este médico pues yo tenía la esperanza de que él sería el que me daría las respuestas que necesitaba. Tal vez como jefe de ginecología y oncología en uno de los hospitales universitarios más importantes del país, él lo habría visto todo, y tal vez, solo tal vez, había visto algo como esto antes. Hasta ese momento, nadie me había dado nada útil que me hiciera sentir que al final estaría bien.

Finalmente nos acompañaron al consultorio donde nos reunimos con el doctor Schink y un residente. El doctor Schink me preguntó cómo podría ayudarme y le dije directamente:

—Usted va a ser mi médico en caso de que necesite una histerectomía. Así que usted me verá a mí y yo vendré a verlo a usted, y ahora ya soy su paciente.

Mi actitud directa no lo desconcertó. Me preguntó por qué pensaba que podría necesitar una histerectomía, y le hablé de mis miedos. Le dije que me habían diagnosticado placenta previa completa y tenía miedo de que llegara a ser placenta *accreta*. Le expliqué:

—Necesitaría una histerectomía y tengo miedo de desangrarme y morir.

—Muy bien —respondió con serenidad—. ¿Has entrado a Internet?

—Sí —respondí—, pero creo que esto es lo que me pasaría; no puedo sacármelo de la cabeza.

—La posibilidad de que eso suceda es mínima —dijo el doctor Schink—, pero sugiero que te hagas una imagen por resonancia magnética a las 35 semanas de embarazo, y si vemos que el útero y la placenta se están compenetrando, programaré la cirugía para el día de la cesárea y podremos encargarnos del problema.

Salí del consultorio sintiéndome mucho mejor, pues alguien finalmente se ocupaba de mis inquietudes, a pesar de lo extrañas que parecieran ser. El doctor Schink se mostraba tan tranquilo con respecto a todo hecho que me hacía sentir que tenía las cosas bajo control y no estaba preocupado por lo que había escuchado. Salí de su consultorio sintiendo que estaría bien. Pero esa sensación me duró poco.

Hice una llamada para hablar de la resonancia magnética con Julie, pero ella me dijo que su protocolo con sus pacientes era hacerla a las 32 semanas, no a las 35 semanas, como había sugerido Schink. Decidí seguir el protocolo de Julie ya que así tendría los resultados antes. Me hicieron la resonancia magnética el 2 de mayo, y el resultado de placenta *accreta* fue negativo. Jonathan me preguntó:

—¿No te sientes mejor?

—No —le dije.

La sensación de fatalidad no desaparecía. En lugar de eliminar mis miedos, la resonancia magnética, por extraño que parezca, los intensificó. Si hubiera detectado la placenta *accreta*, por lo menos mis premoniciones habrían sido tangibles y hubiéramos podido elaborar un plan de acción.

No podía acabar con esta sensación de fatalidad y la lista de las personas que estaban dispuestas a escucharme hablar de ella era cada vez menor. Le pregunté a Julie si la placenta *accreta* podía presentarse después, y me dijo que nunca había visto que eso ocurriera.

Esa noche traté de dormir, pero la visión de órganos que se fusionaban seguía nublando mi cerebro. Jonathan estaba frustrado. Había visto los resultados de la resonancia magnética e insistía en que esos exámenes no mienten. «Querida, no tienes placenta *accreta*. Por favor, trata de dormir un poco. Necesitas descansar. Ahora puedes tachar eso de tu lista de preocupaciones. No va a suceder».

Yo deseaba desesperadamente creerle. A nivel intelectual, yo sabía que él tenía razón, pero en lo profundo de mí no sentía que fuera verdad. No tenía idea de por qué. Todavía tenía miedo.

Llamé a mi hermana al día siguiente. Michelle es 12 años mayor que yo y tuvo una histerectomía cuando tenía treinta y tantos años. No le había hablado en detalle de mis premoniciones, ya que habría divulgado todos esos detalles con mis padres. Yo no quería recibir llamadas todos los días en las que me preguntaran cómo me sentía; eso solo habría aumentado el nivel de estrés en todos nosotros. Le hablé a mi hermana de la única información que podría manejar. Quería hacerle saber que estaba nerviosa, pero no muerta de miedo. Le dije que temía que tendría que someterme a una histerectomía.

—¿Por qué? ¿Quién te lo dijo, Stephanie? —dijo en su tono maternal—. No vas a necesitar una histerectomía.

Entonces me lanzó una letanía de otras posibilidades.

—¿Te checaron la tiroides? ¿Viste a un especialista? ¿Cómo está el bebé? ¿Te han dicho que está pasando algo? Tienes que tomar las cosas con calma, relájate...

Sentí algo de alivio con solo escuchar que estaba preocupada por mí, pero ella no tenía todos los hechos y yo no quería comentarlos con ella, así que solo la dejé hablar. «Si vas a tener una histerectomía, aunque no la necesites, asegúrate de conservar los ovarios».

Me reí. Entendía lo que ella me estaba diciendo porque había tenido una histerectomía completa en la que le extirparon los ovarios, y se había sometido a una terapia hormonal durante décadas. Fue terrible y doloroso observarla. Me reí porque los ovarios no eran una preocupación para mí. Michelle me dijo que dejara de ser negativa y que la llamara si tenía otras preguntas.

El miedo siguió aumentando día tras día. Llegó un momento en que tuve un ataque de asma terrible y estaba convencida de que estaba sangrando por dentro. Jonathan estaba en Nueva York y lo llamé en la noche para decirle que necesitaba ir al hospital. Se asustó y llamó a su amigo Alan para pedirle que me llevara mientras él conseguía el primer vuelo a Chicago.

Alan tenía un bebé recién nacido y estaba profundamente dormido, pero llegó a verme a toda velocidad y fue mi esposo suplente esa noche. Tenía un sentido del humor muy extraño y él y yo siempre nos divertíamos mucho. En cuanto llegó, me ayudó a subir al coche y me dijo:

—Te ves fatal.

—Gracias, tonto —le dije—. Yo me estoy muriendo aquí. Llévame al hospital.

Dije eso en forma muy sarcástica, pero después, cuando íbamos camino al hospital, me preguntó:

—¿Qué te pasa?

Le dije, respirando con dificultad, que no podía hablar mucho, pero que estaba segura de que se me estaban hinchando los pies y estaba sangrando por dentro. Me miró los pies y no vio nada extraño, pero yo estaba sudando frío así que él me pasaba servilletas de papel para que me secara el sudor. Cuando vio que estaba muy pálida, supo que algo estaba mal. Me llevó a urgencias en siete minutos y me convenció de que no me iba a pasar nada malo esa noche, aunque él no lo creía. Me hizo sonreír cuando dijo:

—No pasará nada mientras yo esté de guardia. Tu esposo me mataría.

Esa seguridad hizo que me calmara un poco, y por un momento me sentí protegida. En urgencias, me tuvieron en observación durante varias horas y luego nos dijeron que no había nada mal, lo cual nos sorprendió. Me dieron de alta. Alan llamó a Jonathan antes de que abordara el vuelo para decirle que había sido una falsa alarma. Pero en mi mente, no fue una falsa alarma sino otra advertencia.

Llamé a mi rabino y le dije que físicamente sentía cosas que no eran reales y que temía que esas sensaciones eran premoniciones de lo que vendría después. En un tono paternal, me dijo:

—Solo necesitas pensar positivamente. Hashem (D-os) ayuda a quienes se ayudan a sí mismos, pero necesitas ser positiva. La negatividad solo te consumirá, así que trata de ver las cosas de otra manera.

Esta charla no me ayudó, en su defensa puedo decir que él no sabía todo lo que yo estaba haciendo para ayudarme a mí misma y yo no tenía la energía de volver a hablar de ello. El pensamiento positivo no podía cambiar lo que sentían mis «entrañas».

En cada cita con la obstetra ginecóloga durante los meses de abril y mayo, le seguí hablando a mi doctora de las visiones detalladas sobre mi muerte cuando estuviera dando a luz. Julie no podía consolarme, pero sugirió que hablara con un anestesiólogo. Después de todo, el anestesiólogo sería el médico que me mantendría viva durante la operación. Así que programé una consulta telefónica.

El 17 de mayo llamé al departamento de anestesiología obstétrica del Northwestern Memorial Hospital, y me contestó la doctora Grace Lim. Habló sobre su plan para asistirme en el parto. Me explicó paso a paso lo que pasaría desde el parto hasta la recuperación. Yo ya estaba familiarizada con todo lo que ella me estaba diciendo. Lo que yo quería que me explicara era el plan de emergencia si llegaba a presentarse el peor escenario. Empecé a hablarle de todas mis premoniciones. Le dije que sentía que mi placenta previa se convertiría en placenta *accreta*, aunque las pruebas eran negativas, y que yo sangraría y necesitaría transfusiones. Temía que como mi tipo de sangre O negativo era poco común, no habría suficiente sangre para salvarme. También le dije que visualizaba que necesitaría una histerectomía y temía que tendría que ser con anestesia total. Añadí que estaba segura de que Jacob estaría bien pero que yo no sobreviviría el parto, que moriría. No solo era un temor, lo había visto.

Una vez más, tenía miedo de que un médico no me tomara en serio. Más tarde, Grace me dijo que mi llamada la había tomado desprevenida. Nunca había tenido una conversación con una paciente que entendiera con tanta claridad y supiera tanto sobre lo que estaba sucediendo y que estuviera tomando precauciones y reuniéndose con especialistas solo porque tenía una «sensación». En ese momento, sin que yo lo supiera, Grace puso una marca en mi carpeta y escribió un «plan B» que incluía más sangre, más monitores y un carro especial con los medicamentos y dispositivos necesarios para dar una respuesta rápida ante un paro cardíaco u otro tipo de emergencia médica. Aunque no lo supe en ese momento, Grace o «Gracia de D-os» como la he llamado desde entonces, creyó en mis premoniciones. Ella fue la única persona que realmente me escuchó basándose solo en su intuición. Y su plan B fue lo que me salvó la vida.

Capítulo 4

AL PASO DE LOS DÍAS, aprendí a vivir con la desesperación. De hecho, no estaba viviendo en realidad porque constantemente estaba pensando en la muerte. Solo trataba de vivir el día de la manera más normal posible, pero también me di cuenta de que estaba tratando de disfrutar cada momento con mi familia.

Me sentaba y observaba a Adina cuando estaba dormida, recordando lo hermosa que se veía cuando la enfermera me la entregó por primera vez. Me sorprendieron sus deditos y el hecho de que el amor que Jonathan y yo nos teníamos había creado a este ser asombroso. Entonces mi corazón literalmente me dolía mientras las lágrimas bañaban mi rostro y pensaba que la iba a dejar. Era muy doloroso. Me sentía muy sola. Parecía que nadie podía calmarme y nadie parecía creerme. Al menos eso era lo que yo sentía. Estaba en medio de las vías del tren, el tren avanzaba directamente hacia mí y no había nadie que me sacara de ahí.

Los médicos programaron mi cesárea para el 6 de junio, y era casi como si pudiera ver mi acta de defunción a un lado del acta de nacimiento de Jacob. Unas semanas antes de dar a luz, recurrí a Facebook para lanzar un grito pidiendo ayuda.

> STEPHANIE ARNOLD (20 de mayo de 2013, 9:40 p. m.): ¿Alguien de mi familia o amigos tienen sangre tipo O negativo? Necesito tener sangre disponible en dos semanas; las cosas están bastante mal. Creo que prefiero recibir una transfusión de sangre de alguien que conozco que la de alguien que no conozco…
>
> MICHELE (20 de mayo de 2013, 9:48 p. m.): nada. A+ Te mando amor y luz, Mamá.
>
> SHARE (20 de mayo de 2013, 10:06 p. m.) ¡Caray! Espero que tú y el bebé estén bien. Pienso en ti ☺
>
> JENNIFER (20 de mayo de 2013, 10:16 p. m.) A- ¿¿¿Qué está pasando???
>
> MINDY (20 de mayo de 2013, 10:22 p. m.): Lástima. Soy A+. ¿Qué está pasando?
>
> ISABEL (21 de mayo de 2013, 7:34 a. m.): Tal vez soy O. ¿Se te puede mandar? Avísame.

Stephanie Arnold (21 de mayo de 2013, 9:34 a. m.): Solo necesito O negativo… soy donadora universal pero solo puedo recibir O negativo… Sí, creo que se puede mandar… Voy a preguntar en el hospital cuando vaya hoy para allá.

Isabel (21 de mayo de 2013, 9:39 a. m.): Creo que soy O+.

Carolina (21 de mayo de 2013, 10:33 a. m.): Creo que mi mamá podría ser, ella o mi papá, cualquiera de ellos.

Deidra (21 de mayo de 2013, 7:05 p. m.): Joe es O. Voy a checar si es – o +. Estaré rezando, Steph.

Una vez más, no había evidencia médica de que necesitaría sangre adicional. Las pruebas indicaban que todo estaba normal. Pero parecía que lo que pronosticaban las visiones realmente estaba sucediendo en mi cuerpo. Sentía dolor en lugares donde los médicos no encontraban evidencia de dolor. Sudaba aunque las pruebas demostraban que no tenía fiebre. Sentía que la sangre bañaba mis órganos, pero los ultrasonidos no mostraban nada. Las personas estaban muy preocupadas y pensaban que me estaba hundiendo en un pozo profundo, pero yo nunca me di por vencida. No puedo explicar por qué, pero yo sabía que esas visiones no eran producto de mi imaginación. Eran presagios de lo que pasaría en un par de semanas, y yo sabía que iba a suceder. Simplemente no sabía cómo detenerlo.

No estaba llegando a ninguna parte con las pruebas, y el hecho de que los médicos constantemente me ignoraban, estaba cambiando mis emociones de la tristeza al enojo. Estaba enojada con mis médicos porque no podían encontrar qué estaba mal. Yo necesitaba que lo corrigieran para poder tranquilizarme. Estaba frustrada porque no podía encontrar nada en lo que investigaba para comprobar que lo que estaba sintiendo era real. Necesitaba pruebas, ¿pero realmente tendría que morir para probarlo? Estaba enojada porque estaba desperdiciando tanta energía en todo esto cuando debería estar disfrutando el tiempo con mi familia, y ahora era demasiado tarde. Yo necesitaba más tiempo. Estaba mirando hacia nuestro futuro, pero el futuro estaba aquí, ahora, y estaba a punto de terminarse.

Como estaba tan segura de que iba a morir, empecé a escribir mis cartas de despedida para mis amigos y mi familia.

> Querido Jonathan: Me has hecho la mujer más feliz del mundo…
>
> Querida Adina: Por favor, recuerda que mamá siempre estará cerca de ti…
>
> Querida Valentina: Cuando tu papá te trajo a mi vida…

Dejé algunas de estas cartas a medias porque sentía que si las dejaba sin terminar, sobreviviría. Haya sido lógico o no, así fue como resolví ese miedo.

Es interesante que hubo una carta que sí pude terminar. El 28 de abril le mandé una carta a la especialista en embriología que me había ayudado a dar vida a mis dos hijos. Quería que supiera que había tenido un papel muy importante en mi vida y que yo extrañaba mucho la amistad tan cercana que habíamos cultivado. Habíamos perdido contacto durante el último año y yo quería que ella supiera el impacto tan grande que había tenido en nuestras vidas.

> ...Quise escribirte y decirte cómo me sentí, en caso de que no sobreviva al parto y necesite una histerectomía con todos los riesgos que implica una placenta *accreta*. Les estoy escribiendo cartas a Jonathan, a Adina, a Valentina, a nuestro hijo que está por nacer, y también a algunos amigos y familiares. Tú eres una de las personas a quienes les estoy escribiendo porque eres importante para mí y si no la libro, quiero que sepas que estuviste en mis pensamientos en estas últimas semanas y en este último año.

Comencé muchas veces la carta que quería escribirle a mi padre, pero una y otra vez, no pude ir más allá de «Querido papi». Estaba atorada. Tenía tantas cosas que quería que él supiera: que fue el primer amor de mi vida, que me enseñó a ser una persona generosa y cariñosa, que me infundió bondad y respeto a mí misma. No quería creer lo que estaba a punto de sucederme, y definitivamente, no quería dejar a mi padre. Cuando pensaba cómo se iban a sentir mis padres cuando yo muriera, el único consuelo que tenía era pensar que mis hijos serían su conexión conmigo.

Mi padre, Ralph, siempre fue la persona a la que me acerqué y era mi roca. Me apoyaba en lo financiero, en lo emocional y en lo espiritual. Mi papá es cubano, y espiritualmente es una parte importante de mi cultura. Su mamá es muy espiritual. La gente pensaba que mi abuela, Ida, era una bruja, en el buen sentido. Ella veía cosas que se volvían realidad. Una historia familiar que circuló a lo largo de los años era que en una ocasión mi abuela estaba muy enferma y se acostó a dormir una siesta. Cuando despertó le dijo a Abe, su esposo, que su difunta madre la había visitado en un sueño y le había dado una medicina que sintió pasar por su garganta. De inmediato se sintió bien milagrosamente.

Mi papá era juez y abogado de profesión, era muy analítico y pragmático. Me decía que lo que pasaba en las locas historias de su madre podrían tal vez ser coincidencias o producto de la imaginación. Decía que él no creía en esas cosas. Sin embargo, cuando creía que estaba solo, yo veía que le pedía ayuda a su madre. Hasta hablaba con su cuñado, mi tío Marvin que ya había muerto. Mi papá les pedía que cuidaran a su familia, que lo guiaran, y que protegieran a toda la familia de daños. Recuerdo que le pregunté por qué les rezaba a ellos y no a Dios, y nunca olvidaré lo que me dijo: «Yo no sé si puedo contar con D-os, pero siempre puedo contar con la abuela Ida y con el tío Marvin».

Palabras interesantes. Yo también tenía una conexión especial con esos miembros de la familia. Cuando tenía 12 años, mi familia hizo un viaje a Las Vegas para celebrar el Año Nuevo. La abuela Ida estaba en Florida. Justo a las 10:00 p. m. sentí un fuerte dolor en el corazón. La única persona en quien pude pensar fue mi abuela. Una hora después sonó el teléfono; mi abuela acababa de morir de un ataque cardiaco.

Cuando yo tenía 20 años, mi tío Marvin fue con nosotros al templo para el Rosh Hashana. Marvin y yo éramos muy unidos, probablemente porque estábamos inconformes. Yo lo quería mucho, pero lo interesante es que nunca se lo dije. Marvin era judío y se casó con una mujer que no era judía. Sus hijos crecieron lejos de la fe judía y eso siempre lo hizo sentir mal. Recuerdo que ese día me dijo que estaba triste de que sus hijos no fueran judíos porque no tendría a nadie que dijera el Kaddish por él (la oración que se dice por los muertos) cuando muriera. Fue extraño que lo dijera, pues era un hombre sano que corría ocho kilómetros todos los días.

Tuve una sensación extraña y abrumadora cuando nos abrazamos y nos despedimos ese día en el estacionamiento. Y por primera vez lo miré a los ojos y le dije:

—Tío Marvin, te quiero, y te prometo que diré el Kaddish por ti cuando lo necesites.

Él sonrió, me dio las gracias y nos despedimos diciendo que nos veríamos en la celebración de Yom Kippur, dentro de 10 días. Pero yo sabía que esa era la última vez que lo vería. Murió dos días después y yo cumplí mi promesa.

En las semanas que precedieron al nacimiento de Jacob, seguí escribiendo esas cartas. Ahora, el 30 de mayo, iba conduciendo mi coche hacia el hospital; era posible que diera a luz una semana antes del día en que estaba programada la cesárea, y me preguntaba quién iba a decir el Kaddish por mí.

Llamé a mi papá con la voz más tranquila que pude para decirle que estaba a punto de dar a luz. Mi papá tenía problemas cardiacos y yo sabía que necesitaba hablar con calma para que no entrara en pánico. Me dijo que le avisaría a mi hermana y al resto de la familia, y me pidió que le llamara después de que Jacob naciera para avisarle que todo estaba bien. Después añadió:

—Buena suerte, cariño, nos emociona conocer a nuestro nieto.

Se me llenaron los ojos de lágrimas. Le dije:

—Adiós, papá, te quiero.

Cuatro palabras llenas de amor intenso y en esa ocasión, de angustia.

Cuando llegué a la entrada de la sala de parto del hospital, me recibieron de inmediato. Una enfermera me conectó a un monitor y me pidió que me relajara. Estaba bien. Adina estaba conmigo en la habitación y también Tessie. Mi amiga Jodi me recibió en el hospital y me dijo que se quedaría ahí mientras yo la necesitara. Siempre me hace reír, y yo necesitaba su sentido del humor simple para alejar mi mente de ciertas cosas. Tuve que ir al baño y un coágulo de sangre cayó al suelo. Jodi, con su ingenio de siempre, me dijo:

—Creo que se te cayó algo.

Me hizo reír mucho. Tessie me aseguró que no se separaría de Adina.

En ese preciso momento, a cientos de kilómetros de distancia, en Nueva York, Jonathan estaba en una reunión del Colegio de Abogados de Nueva York, en la que se trataría el tema del monopolio. La reunión acababa de comenzar cuando el teléfono de Jonathan empezó a vibrar. Salió al corredor y escuchó mi voz llena de pánico:

—Voy camino al hospital. Vamos a tener a nuestro bebé hoy. Ven tan pronto como puedas.

Después de decirnos cuánto nos amábamos, totalmente, completamente y por siempre, colgamos el teléfono.

Jonathan tomó un taxi y reservó un vuelo desde ahí, abordó el avión justo cuando estaban cerrando la puerta. Recordaría ese vuelo vívidamente y así lo narró meses después.

«En cuanto alcanzamos los 10 000 pies de altura, entré a Internet y empecé a hablar por Skype con Steph», decía meses después. «No estar con ella hacía que me sintiera fatal; ella estaba asustada y sola. Constantemente me ponía al tanto de su condición. Me dijo que la estaban vigilando estrechamente, y aunque me sentía mal por no estar ahí para estrechar su mano y consolarla, no creía que estuviéramos en peligro. Steph, por otra parte, se sentía ante un gran peligro. No dejaba de hablarme de sus temores y me rogaba que llegara pronto al hospital. Steph se alegró cuando pudo convencer a los médicos de que retrasaran la cesárea hasta la 1:30 p. m., para que tuviera yo tiempo de llegar».

Luego hicieron una evaluación médica y Julie cambió el plan. Todo estaba tranquilo en la sala de operaciones, así que ella pensó que lo mejor sería iniciar el procedimiento aunque Jonathan todavía estaba en camino. Yo seguía tecleando tan rápido como podía, como una estudiante de preparatoria en una carrera contra reloj al presentar un examen con límite de tiempo. ¿Dónde podía comenzar? ¿Cómo podía comenzar? ¿Qué podía decir sabiendo que estas eran las últimas comunicaciones que tendría con la persona más importante de mi vida?

Escribí: «Eres el mejor esposo y el padre más maravilloso y tus hijos siempre lo sabrán». Continué: «Te amo con todo mi corazón y sin importar lo que pase, me has hecho la mujer más feliz del mundo». Él seguía pensando en temas logísticos y me preguntó dónde me encontraría. Le dije:

—En el octavo piso, recuperación… espero.

Eso fue todo. Nuestra conversación había terminado. Tuve que cerrar mi computadora antes de poder ver su respuesta.

«Cuando volábamos sobre Ohio, el plan cambió repentinamente», comentaba Jonathan tiempo después.

«Steph me decía que la estaban preparando para la cesárea. ¿Por qué este cambio repentino? Lo único que ella hacía era repetir una y otra vez cuánto me quería, que pensaba que nuestro matrimonio era maravilloso y... nada. La línea estaba muerta. La conexión estaba muerta. Me sentí fatal».

Ahora mi miedo era palpable. Miré a Adina; yo quería que ella me recordara como una mujer feliz que la amaba con todas sus fuerzas. La besé varias veces. Mis amigas le aseguraban que yo regresaría; mi médico la abrazó y le dijo:

—Regresaremos pronto con tu hermanito.

Me sacaron de la habitación en una camilla, yo veía el rostro de mi hija conteniendo las lágrimas pues sabía que esa sería la última vez que la vería.

Capítulo 5

El miedo era atroz. Yo necesitaba desesperadamente estrechar la mano de Jonathan, escuchar su voz. Sabía que si él estuviera conmigo, no permitiría que nada me pasara. Mientras mi médico me llevaba en la camilla por el corredor, lo intenté de nuevo.

—Julie, algo está mal en mí, ponme anestesia general, el bebé está bien, pero necesito estar bajo anestesia general.

Ella me dijo que todos los exámenes eran negativos y no se presentarían problemas.

—Estoy segura de que solo estás nerviosa porque Jonathan no está aquí, pero todo estará bien. Yo te voy a estar cuidando.

Había llegado el día D, y bajo las luces brillantes de la sala de operaciones, rodeada de extraños que tenían mi vida en sus manos, finalmente dejé ir mis temores. Me puse en manos de los médicos y en manos de D-os. Llevaron la camilla a la sala donde comenzaría la vida de mi hijo y donde terminaría mi vida. Estaba segura de eso. Al estar conectada a medicamentos intravenosos, y al estar sujeta a la camilla, sentía que estaba secuestrada y no había manera de liberarme.

Recuerdo que había muchas personas en la sala de operaciones preparándose para la cirugía, y también recuerdo que alguien puso jabón en mi estómago en el sitio donde se haría la incisión. Tenían que esperar exactamente tres minutos para que el jabón se secara antes de poder comenzar con el procedimiento, y durante esos 180 segundos todos guardaron silencio. Todos menos yo. El ambiente era tan tenso que traté de eliminar la tensión pidiéndoles a todos, a cualquiera, que me contara un chiste. Ellos no se reían. Estaban listos para comenzar.

Y ahí termina, terminaba, o podía haber terminado mi historia. Di a luz a un bebé hermoso que se llamaría Jacob, y segundos después morí.

❦

«Estaba ansioso de ver a Steph», recordaba Jonathan. «El avión no podía ir más rápido. No podía esperar para conocer a Jacob y besar a mi esposa. En cuanto aterrizó el avión, le mandé un mensaje de texto a Julie y le pregunté cómo había estado todo. Ella respondió: "Jacob está bien, Stephanie está… estable". Eso no era lo que yo esperaba.

»Llegué a la puerta de la sala de partos en el momento en que Julie salía. Vestía ropa quirúrgica manchada de sangre, la sangre de mi esposa. Yo estaba listo para afrontar la emergencia. Era mi inclinación natural, y mi entrenamiento como piloto de la Fuerza Aérea lo reforzaba. Las emociones que sentía fueron remplazadas por el pensamiento analítico y la capacidad de evaluación.

»Antes de poder hacer una pregunta, Julie me dijo que Steph había sufrido una complicación que rara vez se presenta en el embarazo, pero que ya estaba en recuperación y estaba estable. Dijo que se trataba de una embolia de líquido amniótico, algo que muy rara vez ocurría. Era tan poco común que los médicos, aunque tenían mucha experiencia, nunca lo habían visto en una persona, solo lo habían leído en libros. Julie me entregó una bolsa con las joyas de Steph, entre ellas, sus anillos de bodas, y me dijo que esperara a la anestesióloga. Me llevaron a una sala de juntas donde se presentó la doctora Nicole Higgins.

»Nicole explicó que esta era una condición en que material del bebé entra a la corriente sanguínea de la madre. Podría ser una gota de líquido amniótico, un cabello, o incluso algo tan pequeño como una célula. De alguna manera entra a la corriente sanguínea de la madre, y si ella es alérgica a ese material, se inicia una reacción en cadena que daña la estructura de la sangre y causa un paro cardiaco, obstruye los órganos y destruye todo a su paso.

»Empecé a acosarla con preguntas: "¿Cuál es el estado actual de Steph? ¿Cuáles son las amenazas que enfrentará en la próxima hora? ¿En las próximas 24 horas? ¿Qué tratamiento estaba recibiendo? ¿Qué juicios se están aplicando? ¿Cuál es la alternativa?". Nicole no mostró emociones al responder a mis preguntas. Esta también era su zona de confort. Se comunicaba muy bien. Más tarde me dijo lo mucho que había apreciado la ausencia de drama emocional de mi parte y el análisis analítico que pudimos llevar a cabo.

»Nicole continuó: las embolias de líquido amniótico tienen dos etapas. En la primera el cuerpo entra en un choque anafiláctico y muere. Algunos estudios muestran que el 50 por ciento de los pacientes que sufren un choque anafiláctico no sobreviven a esta etapa. Pero si son afortunados y llegan a la segunda etapa, pueden desangrarse ya que la sangre no puede coagularse.

»Dijo que tanto Jacob como la placenta habían salido sin complicaciones, pero que después todo empeoró. Steph había sufrido un ataque y había muerto. Había estado clínicamente muerta durante 37 segundos y después la habían resucitado. Nicole explicó que sus plaquetas bajaron de 236 000 a 12 000 en menos de 12 segundos. La sangre de Steph ya no coagulaba y se estaba desangrando. Le darían 60 unidades de sangre y productos de sangre (plaquetas, glóbulos rojos, etc.) durante las horas siguientes».

Los anestesiólogos dicen que su peor pesadilla es algo conocido como coagulación intravascular diseminada, es decir, que la sangre no puede coagularse y la persona se desangra hasta morir. A veces los médicos la llaman «muerte inminente». Yo estaba al límite.

Pasarían varios días antes de que supieran si yo sobreviviría, y si lo hacía, tenían que ver si no había daños neurológicos u otras consecuencias del ataque inicial. Lo único que Jonathan podía hacer era comprender a fondo lo que había pasado para poder tomar las mejores decisiones a mi favor, y después esperar.

Para empezar a entender lo que estaba escuchando, Jonathan entró a Google y buscó «embolia de líquido amniótico» para tener mayor información al respecto. Leyó que es completamente impredecible, inevitable y en la mayoría de los casos, fatal. Vio que era poco común; solo ocurre en uno de 40 000 nacimientos. No había muchos casos de personas que hubieran sobrevivido. Casi todo lo que encontró se relacionaba con el apoyo que puede darse a los viudos. No dejaba de pensar que simplemente no era posible. No podría perderme.

Más tarde, Jonathan nos dijo:

«Mientras esperaba noticias sobre la condición de Steph, supe que necesitaba ver a Jacob. Me sentía muy solo cuando subí al cunero en el elevador. Mi esposa estaba en peligro. Yo nunca había visto a Jacob ni lo había tenido en mis brazos, y lo iba a ver estando solo.

»Jacob era hermoso. Mientras me acercaba a la puerta del cunero, que estaba cerrada, pude ver que la enfermera lo ponía en su cuna. Acababa de alimentarlo y él ya estaba dormido. Me abrió la puerta. Mientras me esterilizaba las manos, me dijo que Jacob era un niño maravilloso y llevó su cuna a una sala adyacente para que tuviéramos un momento en privado.

»En cuanto lo tomé en mis brazos, la emoción contenida empezó a fluir. Lo arrullé una y otra vez y lloré. Le aseguré que haría todo lo humanamente posible para que su mamá estuviera bien, aunque no sabía qué podría hacerse para alterar la trayectoria en la que estaba mi esposa. En retrospectiva, le estaba mintiendo, y lo más importante era que me estaba mintiendo a mí mismo.

»Pasé más de dos horas con él, abrazándolo con cariño. Me quité la camisa para que él pudiera tener contacto con mi piel. Sabía que eso era importante, aunque en realidad debía ser un contacto entre madre e hijo. Sin embargo, en esas circunstancias, yo tendría que ser un buen sustituto. De inmediato creamos un vínculo íntimo, y él me miró con sus ojitos hermosos y se acurrucó en mi cuello y en mis hombros. Se quedó profundamente dormido con facilidad y todo era perfecto… casi.

»Esa sensación de perfección cedió el paso a mi preocupación y desesperación por Steph. Los médicos me pidieron que me reuniera con ellos en la unidad quirúrgica de cuidados intensivos en unas horas. Salí del cunero y empecé el trayecto de 15 minutos hacia la unidad de cuidados intensivos.

»Ese fue el primero de muchos trayectos que me llevarían al elevador, al puente peatonal, a través del estacionamiento, a un segundo puente peatonal, hacia otro elevador para llegar a la unidad de cuidados intensivos. Ese trayecto llegó a agradarme porque me daba tiempo para pensar y revisar las docenas de hechos nuevos que llegaban a mi cabeza cada hora. También me daba tiempo para tranquilizarme pues la yuxtaposición aterradora entre la promesa de una vida nueva con todas las maravillas que implica contra la amenaza de muerte o parálisis permanente, la posibilidad de un deterioro en las funciones neurológicas y otros efectos colaterales de la terrible embolia de líquido amniótico (AFE, por sus siglas en inglés) que había sufrido mi esposa.

»Llegué a Unidad de Cuidados Intensivos (ICU, por sus siglas en inglés) a las 3:15. Steph no estaba ahí. El jefe de residentes me dijo que todavía no salía de la sala de operaciones para ser llevada a la unidad quirúrgica de cuidados intensivos. Me dijo que regresara en una hora; regresé en 30 minutos. No me sentía capaz mentalmente de estar en ninguna otra parte. Los detalles relacionados con la embolia de líquido amniótico hacían que mi mente enloqueciera. Necesitaba ver a mi esposa, y no había manera de hacerlo.

»Fui a buscar algo de comer. Caminé sin rumbo por el hospital. No llamé a nadie porque no tenía nada bueno qué decir ni podía asegurarles nada. Lo único que podría haber hecho sería asustar a la gente inútilmente. Me tragué esta situación funesta y la mantuve en mi interior. Ella estaba muriendo en la mesa de operaciones, y yo estaba muriendo en mi interior.

»Regresé a la unidad de cuidados intensivos a las 3:45. Steph todavía no estaba ahí. Regresé a las 4:00. Steph todavía no estaba ahí. Finalmente, me planté en la habitación que le habían asignado y esperé. A las 4:35, llevaron a Steph en una camilla a la Unidad de Cuidados Intensivos; entraron por la puerta trasera. Se veía muy mal. Era aterrador. El alma se me cayó a los pies cuando la miré de pies a cabeza. Estaba pálida, todo el color había desaparecido de su rostro. Un médico usaba un aparato para bombear aire por su boca y mantenerla oxigenada. Estaba conectada a más de doce tubos. Sus muñecas y sus tobillos estaban sujetos a la camilla, supuestamente para evitar que se desconectara de los medicamentos intravenosos que le estaban administrando. Se veía sangre en su ropa y en sus vendajes.

»Le estaban administrando sangre. Los médicos habían puesto a mi esposa en un coma inducido.

Más tarde, Jonathan dijo que cuando me vio, casi cayó de rodillas. Al parecer, yo estaba irreconocible. No solo por las sábanas ensangrentadas, sino porque mi cuerpo estaba muy hinchado debido a todos los líquidos que me estaban administrando.

«Cuando estaban preparando a Steph para transferirla de la camilla a la cama en la Unidad de Cuidados Intensivos», dijo Jonathan, «la persona que parecía estar a cargo de la Unidad de Cuidados Intensivos empezó a manipular el cuerpo flácido de Steph. Cuando se dio cuenta de que yo lo estaba observando, me pidió que me fuera y que regresara en 45 minutos. Yo sentía que no debía dejarla, pero la combinación de lo que esta persona me había pedido con el hecho de ver a mi esposa sufriendo mientras la pasaban de la camilla a la cama, hizo que me alejara por unos minutos. Mi mente no dejaba de recordar todas las transformaciones que habían ocurrido, lo que necesitaba hacerse y los resultados que nos esperaban en el futuro».

Más tarde, Jonathan me dijo que él estaba en piloto automático, tratando de encontrar la forma de salvarme.

Veía a un médico tras otro para decirles que si yo necesitaba una histerectomía, nuestro médico era el doctor Schink. En ese momento yo estaba estable, y los médicos le dijeron a Jonathan que no era probable que necesitara una histerectomía, pero tomaron en cuenta lo que Jonathan les dijo sobre el doctor Schink, y se concentraron en atenderme.

Creo que Jonathan estaba preocupado por ser demasiado cauteloso, pero se sintió bien, aliviado por haber hablado con ellos y de que le hubieran dicho que pensaban que la histerectomía no sería necesaria. Una complicación menos por la cual estar preocupado, y al menos una premonición que felizmente no se haría realidad… o eso era lo que él pensaba.

«Cuando finalmente me permitieron regresar a la Unidad de Cuidados Intensivos», dijo Jonathan, «Steph estaba en las últimas etapas de ser transferida de la camilla a su nueva cama. Los médicos y las enfermeras estaban checando todas las conexiones para administrarle medicamentos, y eran muchas. Tenía cuatro postes y de cada uno de ellos pendían tres o cuatro bolsas o recipientes de medicamentos que goteaban hacia su cuerpo. Algunos tenían antibióticos, otros contenían medicamentos para controlar la presión sanguínea. Un monitor de presión sanguínea automatizado le tomaba la presión a intervalos de varios minutos, y la lectura más reciente aparecía en un monitor que estaba en la cabecera de la cama. Su ritmo cardiaco se checaba con mayor frecuencia. También estaba conectada a un aparato que le ayudaba a respirar, ya que estaba en coma y no podía respirar por sí misma. Y además, una gran bolsa de sangre colgaba del techo y la sangre entraba lentamente en su cuerpo. Fuera de la habitación, había una máquina con varias bolsas de sangre, que rotaba lentamente, supuestamente para mantener la sangre en movimiento de modo que no se estropeara.

»Era un espectáculo terrible. De vez en cuando, Steph emitía un sonido y movía un poco sus brazos y sus piernas, aunque estaba sujeta de las muñecas y los tobillos. Tal vez las bandas que le sujetaban las muñecas y los tobillos a la cama hacían que se sintiera aprisionada, pero poco después me di cuenta de que era obvio que Steph hubiera podido desconectarse de las sondas si no estuviera sujeta con esas bandas.

»Me senté y la observé durante mucho tiempo tratando de entender todo lo que estaba pasando. Una cantidad inmensa de información aparecía en las pantallas, y se actualizaba constantemente. Los médicos y las enfermeras necesitaban digerir toda esa información de inmediato y entonces tomar las decisiones correctas sobre lo que tenían que hacer, lo que tenían que cambiar u optar por no hacer absolutamente nada. La vida de mi esposa dependía de eso. Esto me recordó mis días como piloto de la Fuerza Aérea cuando volaba aviones militares y se me presentaba una emergencia en pleno vuelo. Cuando esto ocurría, el panel de instrumentos se encendía indicando múltiples fallas en el sistema; entonces el avión perdía fuerza, altitud, velocidad y otras cosas. Todo esto en una fracción de segundo. Estábamos capacitados para saber qué hacer en estas circunstancias. Cuando de hecho ocurrían, teníamos que actuar de inmediato, instintivamente.

»Los médicos y las enfermeras estaban actuando, no había duda al respecto. La tarde del 30 de mayo de 2013, Steph estaba recibiendo atención constante. Una enfermera de la Unidad de Cuidados Intensivos muy dedicada, el jefe de residentes, un miembro del personal de Cuidados Intensivos y otras personas, dedicaban la mayor parte de su tiempo a atender a Steph durante sus primeras horas en la Unidad de Cuidados Intensivos.

»En esas horas, recibí mucha información y actualizaciones de varios médicos. Las noticias no se divulgaban con facilidad. Todos señalaban que el incidente había sido altamente traumático. Nadie decía "tiene la fortuna de estar viva", pero eso era muy evidente. Decían que Steph tenía mucho camino por recorrer antes de estar fuera de peligro. Nadie dijo que estaba en riesgo de tener un daño neurológico permanente o de sufrir otros efectos adversos colaterales que duraran toda la vida. Todos mencionaban que el corazón de Steph se había detenido durante menos de un minuto, lo que decían era bueno, y que su sangre permaneció oxigenada en ese periodo. Interpreté que eso significaba que Steph tenía una oportunidad, pero solo una oportunidad, de salir bien de todo esto. Durante los días siguientes, los médicos fueron más explícitos sobre los riesgos, pero yo ya estaba preparado.

»Mi correo de voz se estaba saturando. Los miembros de la familia querían saber qué estaba pasando. Llamé a los padres de Steph y les dije que ella había dado a luz a Jacob sin problemas, y que el niño estaba de maravilla. Les dije que Steph estaba dormida. Todo era verdad, por supuesto, aunque había yo omitido datos importantes. Necesitaba concentrarme en Steph sin tratar de involucrarme en asuntos familiares. Tenía que tomar una decisión, aunque fuera difícil.

»Poco después de esa llamada, recibí otra de su hermana Michelle. Me dijo que estaba haciendo los arreglos necesarios para volar a Chicago esa noche. No era una pregunta, era una afirmación. Le dije lo mismo que les había dicho a sus padres.

»Una buena noticia era que Steph se veía mejor. La hemorragia parecía estar cediendo. Había recibido muchas transfusiones de sangre cuando nació el bebé. Una sonda que salía de su estómago estaba sacando toda la sangre que brotaba. Más o menos a las 4:30 p. m., la bolsa estaba casi llena y la cambiaron por una nueva. Esa bolsa se estaba llenando muy lentamente. Esto les agradó a los médicos. Significaba que la hemorragia interna estaba bajo control.

»En la habitación de Steph en la Unidad de Cuidados Intensivos, las cosas estaban llegando a un nivel estable de agitación. De hecho, parecía un nivel bajo de agitación, pero eso tal vez fue consecuencia de la atención intensa que ella había recibido durante las dos primeras horas que estuvo ahí.

»Tuve la fortuna o la desgracia de contar con WiFi en la habitación, así que entré a Internet para buscar toda la información disponible sobre las embolias de líquido amniótico. Con unos cuantos clics, y después de 15 minutos de investigación, estaba aterrorizado. Las embolias de líquido amniótico son la causa primordial de muerte materna en el mundo. La mayoría de las mujeres no sobreviven a una embolia de líquido amniótico a gran escala. Para las mujeres que sobreviven, las expectativas en cuanto a la salud por lo general son bajas, pues el resultado probable incluye parálisis o daño neurológico permanentes.

»El sitio de la Fundación AFE (*Amniotic Fluid Embolism - Embolia de Líquido Amniótico*), afesupport.org, captó mi atención de inmediato. Me interesó uno de sus títulos principales: “Padres Dolientes”. Ahí leí una historia tras otra sobre esposos que habían perdido a su mujer y a sus hijos recién nacidos. Había muchos recursos que guiaban al lector a grupos de apoyo a los viudos y a los hijos de estas mujeres que habían quedado huérfanos. Me sentí horrorizado.

»¿Sería ese mi futuro? Mi mente daba vueltas pero de pronto fue interrumpida por la actividad que se estaba llevando a cabo en la habitación. La segunda bolsa de sangre de Steph se estaba secando y le estaban conectando una tercera bolsa. Ya casi no salía sangre de su abdomen. Supuse que eso era bueno.

»Su estómago se sentía cada vez más duro al tocarlo. Steph todavía tenía una hemorragia. La posición de su cuerpo hacía que la sangre que había en el estómago no fluyera como era debido, y por eso creíamos que las cosas estaban mejorando, pero no era así. El flujo de la hemorragia no era aceptable. Ella necesitaba una histerectomía, y la necesitaba de inmediato. Mandaron llamar al doctor Schink».

El informe de patología del útero confirmó mis premoniciones; se había formado una placenta *accreta*. Mi esposo no podía creerlo. Esto era demasiado para él.

El doctor Schink realizó la histerectomía, y el personal quirúrgico me llenó de gasas. La hemorragia finalmente estaba bajo control, pero mi sufrimiento no había terminado.

Capítulo 6

A MEDIDA QUE PASABAN las horas, mi cuerpo se aferraba a la vida con ayuda de máquinas. Jonathan estaba sentado en la habitación preguntándose si alguna vez saldría yo del coma.

«Normalmente, entre las 9:00 p. m. y las 5 a. m., la Unidad de Cuidados Intensivos estaba muy tranquila», recordaba Jonathan. «En esos momentos yo permitía que mi mente se distrajera de su trabajo de valoración, análisis, evaluación, etc. Para concentrarse en todo lo desconocido: ¿sobreviviría mi esposa? Si sobrevivía, ¿tendría daños permanentes? Si los tenía, ¿qué daños serían? ¿Qué tendría yo que hacer? ¿Cómo podría educar a nuestros hijos sin ella? Esos eran los momentos más aterradores para mí, y llegué a temerles».

Los médicos llegaban y le decían a Jonathan que no sabían cuál sería mi estado de salud cuando me recuperara. Él temía que yo pudiera tener daño cerebral. Veía que me estaba hinchando mucho debido a la insuficiencia renal y no sabía si seguiría estando así. Me había hinchado tanto que había triplicado el volumen de mi cuerpo. Para entonces, él estaba muy consciente de las estadísticas de recuperación de la embolia de líquido amniótico. No eran alentadoras.

Jonathan trataba de distraerse haciendo cálculos en la pizarra que había en mi habitación en la Unidad de Cuidados Intensivos. Estaba calculando la «distribución de frecuencia» de las embolias de líquido amniótico en un año específico en ese hospital, usando fórmulas para calcular las probabilidades de esta condición tan poco común. No es que fuera importante, ya que estábamos justo en medio de esta condición, pero le ayudaba a mantenerse ocupado. Los médicos entraban y salían, veían sus cálculos, movían la cabeza tratando de entender lo que él estaba haciendo. Checaban mis signos vitales y le decían una vez más que no sabían cómo iba a estar. Nada de esto le estaba ayudando a Jonathan, así que entró en una modalidad de manejo de crisis; había decidido creer que yo estaría bien. Tenía que estar bien.

Mientras tanto, las llamadas seguían llegando. Jonathan seguía diciendo: «El bebé está de maravilla, Steph está dormida en este momento, no puede hablar». No sabía qué más decir, pero sabía que no quería decirle a todo el mundo lo terrible que era la situación que estábamos viviendo hasta que supiera con certeza qué estaba pasando. Nuestras amistades y familiares eran persistentes y seguían llamando cada dos o tres horas. Mi papá llamó varias veces ese día y Jonathan le decía: «Está con el médico en este momento, pero después se comunicará con usted». En realidad nunca mintió, pero no les decía exactamente lo que estaba ocurriendo. No quería asustar a mi papá y no quería hacer llamadas cada hora. Necesitaba concentrarse en mí sin distracciones.

Mi hermana Michelle llegó a las 2:00 a. m., el viernes 31 de mayo, gracias a D-os. Ella y mi cuñado Roy no sabían lo que había pasado, pero ella tenía la sensación de que algo no estaba bien y tomó el primer vuelo que pudo conseguir de Florida a Chicago. Jonathan sabía que necesitaba decirles lo que estaba pasando, así que se reunió con ellos para desayunar en un restaurante que estaba enfrente del hospital, a eso de las 7:30 a. m.

Mi hermana de inmediato notó lo mal que él se veía, y Roy bromeó diciendo que Jonathan nunca dormiría bien por la noche ahora que teníamos un bebé. Jonathan no estaba de humor para sonreír. Se sentó y dijo:

—La condición de tu hermana es muy seria. Tenía la esperanza de no tener que hablar de esto con ustedes sino hasta dentro de uno o dos días para tener más información… pero ahora ya están aquí. Ella está en la Unidad de Cuidados Intensivos pues sufrió una embolia de líquido amniótico.

Les explicó a Michelle y a Roy lo que eso significaba. Les aseguró que Jacob estaba bien. Después del desayuno, mientras caminaban hacia el hospital para verme, trató de prepararlos. «En realidad, verla en la Unidad de Cuidados Intensivos es un panorama desolador. Pero a pesar de lo terrible que crean que va a ser, quiero decirles que será mucho peor, mucho peor, cuando la vean».

Más tarde, Michelle dijo que la primera vez que me vio se sintió confundida. Pensó que había entrado a la habitación equivocada.

—Estaba yo ante una persona de 130 kilos de peso, y esa no era mi hermana.

Yo no me parecía a mí misma. A medida que se daba cuenta de la realidad, ella también entró en una modalidad de manejo de crisis. No hubo lágrimas, y como ella podría decirte, tampoco había temores. Solo había un resultado en su mente: yo tenía que sobrevivir.

Después de recibir información sobre mi condición, Jonathan llevó a Michelle a ver a Jacob para que pudiera tenerlo en sus brazos. Ella dijo que eso fue lo más difícil.

—En realidad era muy triste ver a Jonathan con Jacob en los brazos sin que Stephanie estuviera con ellos. Fue un momento muy triste aunque se supone que deberíamos estar felices. Una dicotomía absoluta.

Jonathan obligó a Michelle a jurar que no les diría nada a nuestros padres hasta que tuviéramos más información. Ahora lo entiendo, y también lo entiende mi hermana. Habían hecho lo correcto. Pero en ese momento, mi hermana sentía que si yo iba a morir, mis padres deberían tener la oportunidad de verme una vez más antes de despedirse de mí.

Mi hermana puede soportar con entereza presiones extremas. Iba y venía de los cuneros a la Unidad de Cuidados Intensivos. Le preguntó a Jonathan dónde estaban *las cosas* que se necesitaban para Jacob y para mí.

—¿De qué hablas? —preguntó él, confundido.

Michelle dijo:

—La ropa del bebé, su cobija, sus juguetes... la bata de Stephanie, sus artículos de tocador... sus *cosas*.

Jonathan no había pensado en nada de eso y le dijo a mi hermana que no sabía. Michelle sabía lo organizada que yo era y no entendía cómo me había ido al hospital sin llevar al menos algunos artículos personales. Ella no sabía que yo nunca pensé que iba a necesitarlos. Yo creía que nunca saldría del hospital. Como era típico en ella, Michelle salió y compró algunas cosas para mí y todo lo que Jacob necesitaría en sus primeros seis meses de vida, incluyendo zapatos.

Tomaba a Jacob en sus brazos siempre que podía. Se aseguraba de que las enfermeras estuvieran bien alimentadas y atendidas pues eran las que mantenían vivo a Jacob y el bebé estaba muy feliz. Ella lo cambió de ropa y lo envolvió en sus propias cobijitas para que no pareciera un bebé abandonado en un hospital. Yo creo que ella solo quería que el niño sintiera que su familia lo amaba y supiera que tenía una madre, aunque por un momento solo fuera a través de la hermana de su madre. Hasta el día de hoy, pensar en esos momentos me hace llorar.

Pasaban las horas, luego pasaban los días, y yo yacía en la Unidad de Cuidados Intensivos rodeada de máquinas y conectada a tubos mientras mi familia me acompañaba. Mis padres llamaban cada cuatro o cinco horas, y a mi hermana y a Jonathan se les estaban acabando las excusas. Michelle llamó a nuestra prima Sari para conversar de esto con ella. Le explicó que se sentía atrapada en medio del respeto que sentía por los deseos de Jonathan y la necesidad de decirles la verdad a sus padres para que pudieran volar a Chicago. Sari y Michelle diseñaron un plan que las mantendría ocupadas hasta que llegara el momento oportuno para dar a conocer la verdad.

Sabían que mamá sabría qué hacer. Ella siempre sabía qué hacer en situaciones críticas, y ella podría ser fuerte y apoyar a todos. Michelle necesitaba que mamá supiera lo que estaba pasando. Aunque nunca actuaba contra los deseos de Jonathan, y ni siquiera llamó por teléfono a mi mamá. Después de tres días de no poder hablar conmigo, la intuición de mi madre estaba al rojo vivo. Llamó a mi hermana y le dijo:

—Michelle, ¿qué está pasando? ¿Necesito ir para allá?

Michelle hizo acopio de fuerzas para evitar decirle lo que había pasado, y solo le dijo:

—Sí, mamá. Creo que necesitas venir ahora. Sí, ahora —y con eso, mamá se puso en marcha.

Mi madre, Charlene, es una mujer muy fuerte. A los 75 años de edad, hace ejercicio seis horas diarias. Es hija de un mafioso judío que solía trabajar para Meyer Lansky, aunque ella siempre me corrige y me dice que su padre era un «auténtico hombre de negocios». Ella es muy fuerte, y aunque a primera vista no podrías evitar pensar que es una mujer menudita que se desvanecería en el aire si soplara un viento fuerte hacia ella, es todo lo contrario. Tiene una fuerza interior y unas agallas que pocos de mis conocidos podrían igualar. Nada la detiene ni la intimida cuando está dispuesta a hacer lo que desea. Nada.

Hace años, cuando yo tenía 13 años de edad, estaba con ella en Las Vegas cuando se sentó ante una mesa de póker para jugar con unos auténticos «tiburones». Estaban fumando puros y soltando humo cuando ella se sentó para participar en un juego exclusivo para hombres. Empezaron a lanzarle malas palabras y a decir que ese no era un lugar para una damita. Yo sentí miedo, pero a mi madre no le importó lo que ellos decían. Nadie le iba a decir que estaba fuera de lugar.

Mi madre solo tenía un puñado de fichas, y ellos tenían pilas de fichas frente a ellos. Ella tuvo el valor de decirle a uno de ellos:

—¿Podría apagar su puro o echar el humo en otra dirección?

Te aseguro que al hombre no le gustó escuchar eso. Yo le pregunté:

—Mamá, ¿estás bien?

—Sí, querida —me dijo—. Ve a ver a tu abuelo y regresa aquí conmigo dentro de dos horas.

Yo me sentía nerviosa por ella, pero me fui.

Increíblemente, cuando regresé, todos esos tiburones casi no tenían fichas frente a ellos, ¿y adivina quién tenía pilas de fichas? Así es, mi mami, la mujercita frágil. Entonces ella dijo:

—Ya regresó mi hija, tengo que irme. Nos vemos luego, muchachos, buenas noches.

Los hombres la miraron y le dijeron:

—Oye, Charlene, apenas nos estamos calentando, quédate y sigue jugando.

Pero mi mamá era inteligente. Era excelente jugando póker, no solo porque sabía, por instinto, cuándo fingir y cuándo retirarse, sino también porque sabía exactamente cuándo dejar de jugar. Su mamá «no había educado a una niña tonta».

Supongo que de ella aprendí esa tenacidad y esa intuición. Ahora, cuando estaba en la Unidad de Cuidados Intensivos, yo no estaba fingiendo y no iba a dejar de luchar. Esto no era un juego. Esto era real y yo estaba para proteger aquello por lo que más había apostado en mi vida.

Mi madre había trabajado como voluntaria en hospitales, y había visto a pacientes muy graves. Sin embargo, Michelle, Roy y Jonathan tenían que prepararla para lo que estaba a punto de ver. Michelle se reunió con mi mamá en el vestíbulo del hospital y se encontró con los demás afuera de mi habitación en la Unidad de Cuidados Intensivos. Le dijeron que su hija estaba en ese cuerpo, pero el cuerpo no parecía ser el mío. Ellos le dijeron que vería muchas máquinas y escucharía muchos sonidos, pero que yo estaba tranquila. Le advirtieron que vería sangre por todas partes, en mi cuello, en mis brazos, en mis piernas, en los tubos que drenaban mi abdomen, pero que yo no sentía ningún dolor.

Mi madre se estaba impacientando. Y dijo:

—He visto cosas peores. Permítanme entrar a ver a mi hija.

Antes de entrar, Jonathan le pidió que no le dijera nada a mi papá hasta que supieran la prognosis. Ella aceptó y se dirigió a mi habitación.

Jonathan y Roy entraron con ella, uno a cada lado. Cuando me vio en la cama casi se desmayó. La sostuvieron bajo los brazos y la mantuvieron de pie. Después me dijo que en ese momento recordó lo que había pasado cuando yo tenía cinco años de edad y tuve una sinusitis terrible. En ese momento, los médicos no supieron de qué se trataba y me llevaron al hospital. La mitad de mi cara estaba hinchada y no podía levantar la cabeza. El tío Marvin fue a visitarme y le preguntó a mi mamá:

—¿Dónde está Stephanie?

—Ahí, en la cama —respondió ella.

Él dijo:

—Esa no es Stephanie. No se parece nada a ella.

Y eso fue exactamente lo que mi mamá sentía ahora, al estar frente a mí 36 años después. El cuerpo que estaba en la cama no se parecía a mí. Me dijo que lo único que reconoció fue el color de mi cabello. Se sintió fatal.

De inmediato llamó por teléfono a mi papá llorando y no pudo reprimirse. Lo primero que le dijo fue: «La perdimos». A pesar del gran esfuerzo que hicieron todos para ocultarle a mi padre lo que me estaba pasando, tomando en cuenta la condición de su corazón, ella no pudo contenerse. Por fortuna, también le dijo:

—Está en la Unidad de Cuidados Intensivos y está en coma —pues de lo contrario mi papá también se habría sentido perdido.

Jonathan y Roy le pidieron a mi mamá que se sentara y le trajeron un vaso de agua. Unos minutos después, ella se dio cuenta de que tenía que ser fuerte. Se acercó a mí, me tomó de la mano, me besó en la frente y me contó historias sobre los miembros de la familia.

Toda mi vida ella había deseado que yo tuviera un hijo tan fuerte, decidido y obstinado como yo lo fui de niña. Pero en ese momento, mi madre habría dado cualquier cosa por escucharme pelear con ella. Quería que los médicos, Jonathan, Michelle y Roy supieran que yo podía escucharlos, que podía hablar y que estaba sintiendo cada vez que me tocaban.

Mientras tanto, allá en Florida, mi prima Sari le estaba diciendo a mi papá que necesitaba «hacer acopio de todo el valor posible para ir a Chicago». Mi papá odiaba los hospitales, pero más que eso, él sabía que aborrecería verme a mí, su bebé, a las puertas de la muerte. Él sabía que necesitaba ir a verme y estuvo de acuerdo en abordar el avión.

Cuando llegó, entró a mi habitación, se inclinó, me besó y dijo:

—Aquí está papi, todo va a estar bien. Sigue siendo positiva y sigue siendo fuerte.

Después salió rápidamente y se fue a la sala de espera. Verme había sido demasiado para él. Necesitaba rezar. Después me dijo:

—Le pedí a D-os que si existía la posibilidad de que él te llevara, que por favor me llevara a mí en tu lugar.

Entonces, sin aliento, empezó a estremecerse… necesitaba tomar su medicamento para el corazón. Fue por un vaso de agua y se sentó de nuevo para recuperarse.

Mi hermano Mark había venido con él. Mark es judío ortodoxo, y se aseguró de traer consigo algunas oraciones para garantizar mi recuperación.

Mi habitación en la Unidad de Cuidados Intensivos estaba llena de amor. Mi hermana puso fotos de toda la familia en las paredes para que, si yo despertaba y nadie estaba ahí, no me sintiera sola. Mi mamá se sentaba a mi lado sosteniéndome la mano; luego salía para aliviar su estrés haciendo yoga en la sala de espera. Mark oraba, leyendo la Biblia de principio a fin, y colocaba alrededor de la cama talismanes para protegerme de todo mal. La angustia estaba empezando a afectar el corazón de mi papá de diversas maneras; le costaba trabajo respirar y solo se quedaba conmigo durante periodos muy cortos. Pero cuando estaba en la habitación, oraba pidiendo ayuda del tío Marvin, de la abuela Ida, y de D-os.

En el edificio que estaba al otro lado del puente peatonal, el amor de mi vida tomaba en sus brazos a nuestro hermoso bebé y le decía que deseaba con todo el corazón que él ya conociera a su mamá. Era una promesa que Jonathan no estaba seguro de poder cumplir.

Capítulo 7

Mi habitación se había convertido en una sinagoga temporal. Mi familia rezaba. Jonathan rezaba. El personal del hospital y mis médicos llegaban a rezar. Personas de diferentes religiones rezaban. Todos se reunían, hacían vigilia, tenían esperanza y oraban pidiendo un milagro.

Jonathan se acostumbró al murmullo rítmico de las máquinas que me ayudaban a respirar, impulsadas por los sonidos del monitor de presión arterial cuando las cifras se elevaban momentáneamente y luego bajaban de nuevo a niveles normales. Todo esto le recordaba constantemente que yo no era capaz de «vivir» sin ayuda. Pensaba en los planes que habíamos hecho y que tal vez nunca podrían fructificar.

Tal vez esto parezca macabro, o tal vez solo fue práctico, pero antes de que todo esto sucediera habíamos soñado que nos sepultaban juntos, lado a lado. Queríamos encontrar un cementerio para nosotros y el sitio perfecto donde estaríamos juntos por toda la eternidad. ¿Tendría él que tomar esa decisión él solo ahora? También pensaba en nuestros hijos. ¿Cómo se encargaría de la rutina diaria sin que su madre estuviera en casa? ¿Les pediría ayuda a todos sus conocidos? Tenía que ahuyentar estos pensamientos y decidir que eso nunca iba a suceder. Que yo estaría bien. Tenía que estar bien.

Tarde o temprano, Jonathan tendría que enfrentarse a muchas personas y manejar la realidad. Tenía que explicarle a la gente de la Oficina del Procurador en Nueva York que no podría regresar a trabajar tan pronto como pensaba hacerlo y que necesitaba un permiso de ausencia. Tenía que preparar un mensaje por correo electrónico masivo para enviarlo a nuestros familiares y amigos, ya que para esas fechas, ya se sabía que algo me había pasado pues no estaba respondiendo a sus llamadas.

Jonathan sabía que a la larga tendría que hacerse cargo de todo esto, pero por el momento, tendría que mantenerlo en espera. No solo tenía que preocuparse por mí, que estaba en el hospital, sino también por Jacob que estaba en el hospital al otro lado de la calle. Y tenía que pensar en la circuncisión. Jacob pronto tendría ocho días de nacido y de acuerdo con las leyes del judaísmo, debía tener su ceremonia de circuncisión. Este pacto entre un bebé varón y D-os se prescribe en la Torá (el texto que contiene la ley y el patrimonio del pueblo israelita; constituye la base y el fundamento del judaísmo).

El rabino de la familia le dijo a Jonathan que, si el bebé estaba sano, era necesario llevar a cabo la ceremonia, aunque yo no estuviera presente. Empezaron a buscar un *mohel*, una persona capacitada para llevar a cabo el ritual judío de la circuncisión, así que Michelle y Roy se pusieron en contacto con su rabino en Bogotá, Colombia, quien llamó a la comunidad Chabad de Chicago para conseguir el nombre de un *mohel*.

Después, mi hermana habló con el personal de operaciones para pedirles que la circuncisión se llevara a cabo en el hospital, de modo que aunque yo no estuviera presente mentalmente, estuviera presente corporalmente. Ellos le dijeron que era extraño que alguien que no tuviera licencia para ejercer en el hospital llevara a cabo cualquier tipo de procedimiento ahí. Y aunque la circuncisión era un procedimiento de cirugía menor, era una cirugía. Jonathan pensaba que no había manera de llevarla a cabo. Es un hombre acostumbrado a las reglas y al orden, y sabía que esta regla era lógica por razones de seguridad, de modo que no se iba a oponer a ella. Pero al parecer él no conocía muy bien a mi hermana, ni a la gente de buen corazón de los Hospitales Prentice y Northwestern. Todos cedieron y estuvieron de acuerdo en que se llevara a cabo la ceremonia.

Y pudo hacerse a través de Chabad, con la ayuda de Sudamérica para realizarse en Estados Unidos. Michelle y Roy encontraron al mismo *mohel* con el que yo había hecho arreglos varias semanas antes, cuando estaba planeando la ceremonia de circuncisión de Jacob. También llegaron otros rabinos. Le dijeron a Jonathan que rezara, que rezara pidiendo un milagro; que rezara pidiendo que yo estuviera bien, que estuviera presente en la circuncisión de nuestro hijo. Y él rezó.

Este milagro ocurrió un día antes de la circuncisión.

Desperté. Tal vez no fue un verdadero milagro, pero al parecer, el momento en que ocurrió si lo fue. Mis signos vitales se estaban fortaleciendo, así que los médicos empezaron a reducir los medicamentos que me mantenían en estado de coma.

Lo primero que recuerdo haber dicho, al ver mi vientre hinchado, fue: «¿Todavía estoy embarazada?». Nadie sabía la magnitud del daño neurológico que la embolia de líquido amniótico había causado, pero mi esposo dijo que en ese momento yo iba a estar bien porque yo sabía por qué estaba en el hospital y me estaba quejando.

Me dijo:

—No, querida, diste a luz hace seis días.

Eso me sorprendió.

—¿A qué te refieres?

Estaba devastada. ¿Dónde había estado? Se me llenaron los ojos de lágrimas. Él trató de explicarme lo mejor que pudo, pero honestamente yo no recordaba nada de lo que me estaba diciendo. Al parecer, todavía estaba bajo el efecto de los medicamentos.

Lloré, lloré y lloré. Lloré por lo que había perdido y lloré por el dolor. El dolor era insoportable. Mis riñones habían empezado a fallar por lo que fue necesario colocar más tubos, hacer más exámenes, y sufrir más dolor.

Estaba aturdida y me llevaron en una camilla de una habitación del hospital a la habitación de al lado. Me asignaron la suite de lujo que reservaban para sus celebridades. La habitación 1368. Estaba en una esquina y tenía vista al lago Michigan en una dirección y a la famosa Water Tower de Chicago. Era un lugar brillante y alegre, y como yo era un caso de alto riesgo en ese piso, lo consideré mi hogar durante las siguientes semanas.

Un día, un camillero llegó para llevarme a varias citas con médicos, y cuando me llevó de regreso a la habitación me preguntó:

—¿Qué hizo usted para que le dieran esta habitación?

—Tuve que morir, así que no vale la pena —le dije.

No estaba de humor para dar explicaciones, y supongo que él captó el mensaje: salió de la habitación llevándose la camilla en reversa.

Los analgésicos impedían que entendiera bien las cosas. En cierta medida entendía lo que había pasado, pero me dijeron que no leyera nada al respecto por el momento. Siempre me ha gustado investigar y he estado llena de curiosidad, pero en esta ocasión no estaba discutiendo. No quería saber demasiados detalles. Si lo que me había pasado se parecía a lo que había estado visualizando durante meses, yo no necesitaba confirmarlo leyendo otros relatos devastadores al respecto. Necesitaba mi fuerza para sanar.

Aunque de vez en cuando estaba consciente de que yo ya había pensado que esto iba a pasar, todavía no podía entenderlo. Y el hecho de haber salido de ello por el otro extremo… bueno, necesitaba tiempo para eliminar la tensión. Desafortunadamente, no contaría con mucho tiempo para hacerlo.

Habían pasado siete días. Todo era irreal. *Tal vez,* pensé por un momento, *todo esto ha sido una horrible pesadilla*. Pero yo sabía que no lo había sido. Había vivido un embarazo. Había visto a Jacob en varios ultrasonidos, pero no me permití conectarme con él durante el embarazo porque creía que ya no estaría aquí. El hecho era que había dado a luz y todavía no conocía a mi hijo.

Me daba miedo verlo. Le tenía miedo a él. Su nacimiento me había puesto en este estado, y temía que mis recelos y mis temores impidieran su crecimiento espiritual. Creo que la energía positiva o negativa puede afectar a las personas de muchas maneras. Si percibimos algo extraño, podríamos rechazarlo. Los seres vivos pueden percibir cosas. Si estás nervioso al montar un caballo, el caballo puede percibirlo y tú te pones más nervioso. Si eres feliz y positivo, la gente tiende a acercarse a tu energía, pero si eres negativo, hasta una persona neutra que no ha hecho un juicio previo sobre ti, se sentirá rechazada. Yo estaba preocupada de que Jacob no tuviera una conexión espiritual natural conmigo, su madre, y que me rechazara.

Pasaban muchas cosas por mi mente mientras mi hermana entraba a mi habitación llevando a Jacob en su camilla. Lo vi desde lejos. No estaba lista para que lo pusieran cerca de mí. Jonathan se acercó a Jacob, lo levantó y lo trajo a mi lado. Lo único que yo podía hacer era verlo asombrada. Entonces, Jonathan puso a Jacob sobre mi pecho.

Respiraba suavemente, estaba dormido. Era hermoso, pero yo no podía apreciar su belleza. No podía abrazarlo pues estaba conectada a muchas sondas y no tenía fuerzas para intentar moverme. En ese momento, yo no era su madre. Me sentía como una extraña para él. Jonathan y mi hermana eran sus padres. Yo no podía amamantarlo, no podía cambiarle un pañal, y lo peor era que no quería hacerlo.

Lloré. Le dije a Jonathan que alejara de mí al bebé, que necesitaba descansar. Les pedí a todos que se fueran y Jonathan llevó a Jacob de regreso al cunero. Jonathan entendió, aunque se sintió un poco triste de que no hubiera un momento de unión, en especial por todo lo que habíamos vivido juntos. Estaba seguro de que eso vendría después. Yo no estaba tan segura. Me sentí fracasada. El día siguiente sería un gran día, así que lloré hasta que me quedé dormida.

Estaba sucia. Me sentía fatal. Sentía que estaba rodeada de microbios y podía ver las bacterias a mi alrededor. Quería respirar aire fresco y sentarme en el césped, pero eso no iba a ocurrir pronto. También quería arrancar todo lo que me ataba y empezar a correr, pero no podía mover las piernas. Estaban hinchadas y eran cinco veces más gruesas que su tamaño normal. Para tener la perspectiva real, yo pesaba 78 kilos cuando di a luz. Al empezar el embarazo pesaba yo 54 kilos. Ahora pesaba 98 kilos. Tenía una insuficiencia renal aguda y retenía líquidos. Me sentía como Violett Beauregarde de la película *Charlie y la fábrica de chocolate*, que aumentaba de volumen hasta casi explotar. No sabía si en realidad podía expandirme más.

Había escuchado que habían empezado a darme diálisis mientras estaba en coma, ¿pero qué significaba eso? Estaba tan drogada que me sorprendía saber que alguien estaba ahí. En realidad no recuerdo nada de esos primeros días. Llegó un momento en que olvidé que había un bebé en esta historia, y solo estaba tratando de entender cómo había yo llegado a esta situación y cómo iba a salir de ella. Miré mi cuerpo y vi que había un catéter que me ayudaba a orinar, había sondas intravenosas en todas direcciones, y había manchas de sangre en mi cuello donde estaba conectada la sonda de la máquina de diálisis. Tenía otra sonda intravenosa en el hombro izquierdo. Mi brazo izquierdo estaba más inflamado que ninguna otra parte de mi cuerpo.

También tenía una incisión con grapas que iba desde el esternón hasta el hueso púbico. La cesárea estaba parcialmente abierta para que sanara mejor y para que unas enfermeras asustadizas pudieran sacar los coágulos con pinzas. En una ocasión, Jane, una de las enfermeras experimentadas, llegó y preguntó si estaba bien que trajera a algunas estudiantes de enfermería para que aprendieran a hacerse cargo de esta clase de heridas. Eran jovencitas que prácticamente lo único que habían visto eran partos saludables y cuya experiencia se limitaba a mantener limpias algunas incisiones pequeñas. Nunca habían visto nada como esto. Una de ellas estaba ayudándole al médico residente a limpiar la incisión, y por su mirada me di cuenta de que estaba a punto de vomitar.

Olvídala, yo estaba sintiendo todo y también necesitaba vomitar. No tenía alimentos en el estómago, así que el único sabor que tenía en la boca era el sabor amargo de los medicamentos que me hacían sentir náuseas. No podía comer… y no es que quisiera hacerlo en ese momento. La inflamación era tan molesta que ejercía presión sobre mi estómago, de modo que aunque hubiera logrado comer un bocado, mi estómago se habría expandido y no hubiera yo podido aliviar la presión yendo al baño. La hinchazón llegaba hasta la punta de los pies y yo sentía como si me encajaran alfileres y agujas. Esa presión intensa hacía que sintiera calambres en los pies, lo que hacía que fuera muy difícil caminar. Me di por vencida y dejé de esforzarme por resolver esto.

Tampoco dejaba de decirles a las enfermeras que el catéter me causaba dolor. Me quejé varias veces diciendo que sentía que esa parte de mi cuerpo se estaba inflamando, pero me decían que todo era normal. Al final, llegó el médico y vio que mi vagina estaba inflamada. Sacaron el catéter. Sentí un descanso instantáneo y me desinflamé. Todo se relajó y en cinco minutos la inflamación empezó a bajar. Jonathan se sorprendió de nuevo al ver lo bien que yo conocía mi cuerpo, aunque estuviera bajo el efecto de tantos medicamentos.

Alguien cometió la estupidez de poner un teléfono en mis manos, y yo empecé a hacer llamadas y a poner notificaciones en Facebook, prácticamente continuando desde donde me había quedado. Llamé a Rosalind, mi mejor amiga para decirle que esa semana sería la ceremonia de circuncisión de mi hijo. Ella no tenía idea de lo que yo estaba diciendo porque estaba muy ronca y ella no estaba enterada de que algo hubiera salido mal. Puse en Facebook: «morí, pero ahora estoy viva, salí del coma pero estoy viva». Cuando Jonathan empezó a recibir llamadas inquietantes de nuestras amistades, agarró mi teléfono y vio lo que había puesto en Facebook.

Yo quería mejorar de inmediato, de inmediato. Necesitaba estar normal. En una ocasión, traté de levantarme de la cama yo sola. Gran error. Observé cómo todos hablaban mientras yo «furtivamente» me acercaba al borde de la cama y me ponía de pie. Luego, dirigí la mirada de nuevo a la gente que estaba ahí, pero en un ángulo de 90 grados. Me golpeé la cabeza contra el tubo que estaba a la orilla de la cama y todos gritaron.

Si la caída me causó dolor, yo no lo sentí. Las drogas se encargaron de eso. Por suerte, no desconecté ninguna de las sondas que tenía en los órganos vitales en ese momento. Tuve que prometerles a todos que me iba a estar quieta. Era necesario mantener mi personalidad tipo A bajo control, pero no me di por vencida sin antes luchar en varias ocasiones.

Mi mamá me compró un vestido nuevo para la ceremonia de circuncisión, de modo que pudiera cambiarme y quitarme la bata de hospital que estaba manchada de sangre. No podía sentarme bien, y definitivamente no podía bañarme en la regadera. Mi hermana hizo su mejor esfuerzo para cepillarme el cabello que estaba enredado y sucio. ¿Alguna vez has tratado de usar una bolsa de champú teniendo el cabello envuelto en una red? Yo sí. Eso no funciona. La palidez de mi rostro tenía un tono amarillo, así que mi hermana me aplicó algo de maquillaje para ayudarme a verme viva en cierta medida. No me veía viva. En realidad parecía estar muerta, aunque tibia. De hecho, Lori mi amiga, la fotógrafa que vino a tomar fotos de la ceremonia de circuncisión, dijo que mis ojos no tenían vida. Pero yo estaba viva. Estaba viva y mi esposo me estaba mirando; yo podía sentir los latidos de su corazón. Después de nuestra boda, esta era la ocasión en que lo había visto más feliz; por suerte para mí, mi amiga lo filmó.

No sé cuánto tiempo duró la ceremonia de circuncisión, pero duró lo suficiente para que la gente de la comunidad religiosa se acercara a mí para decirme que era un milagro que hubiera yo sobrevivido, que era una bendición que D-os hubiera estado presente y hubiera hecho un milagro en nuestra familia. Mis amistades intentaron aligerar el ambiente contando chistes, pero yo podía ver el miedo detrás de sus ojos cuando me veían incrédulos, asombrados de que realmente hubiera yo salido de esto.

El hospital Northwestern es un hospital universitario con actividades de docencia e investigación, así que tuve que acostumbrarme a que grupos de otros departamentos, como el de cardiología, nefrología, neumología y ginecología quisieran visitar a la «mamá milagro». Me hacían miles de preguntas y luego leían mis registros médicos, y una y otra vez, uno tras otro, reiteraban que había sido todo un milagro que yo hubiera sobrevivido. Supongo que yo entendía lo extraño que era sobrevivir a una embolia de líquido amniótico, pero la atención que me prestaban me hacía sentir que era un espectáculo de feria. Me convertí en un caso de estudio en el hospital.

Capítulo 8

LA VIDA EN MI HABITACIÓN del hospital llegó a ser una rutina. Me acostumbré a que comprobaran mis signos vitales a ciertas horas del día. También me acostumbré a que mis familiares tuvieran conversaciones sobre mí en la habitación, sin incluirme en ellas. Me habían retirado el catéter, al igual que la cinta que sostenía las sondas de drenaje, pero al hacerlo desprendieron capas de mi piel lo que causó cicatrices profundas. No podía acostarme de espaldas, no podía ponerme de lado, y sentarme era doloroso. No había manera de estar cómoda. Todo me dolía, incluyendo mi psique.

Seguían administrándome medicamentos fuertes, pero en mis momentos de lucidez empecé a sentir de nuevo. Me sentía intensamente triste. Era una tristeza devastadora. Agradecía estar viva, pero estaba atada a una cama, mi cerebro no estaba funcionando, no podía caminar. Tenía miedo de quedarme así.

El miedo y la tristeza normalmente eran interrumpidos por un médico, una enfermera o un grupo de estudiantes que estaban en un «recorrido educativo». Escuché a un doctor decir que en este hospital solo habían visto diez casos con esta condición tan extraña, y que solo cuatro habíamos sobrevivido. Tres de los pacientes que sobrevivieron sufrieron daños cerebrales, pero en mi caso, los exámenes preliminares indicaron que mi cerebro estaba bien. Comentaban, una y otra vez, que no podían creer que yo hubiera sobrevivido. Tal vez pensaban que me ayudaría escucharlo, pero no era sí.

¿Por qué salí adelante cuando otros no pudieron? Esa era una pregunta que traté de responder con la doctora Elena Kamel una mañana muy temprano. Ella es una de las fundadoras del Grupo de Mujeres de Northwestern, al que Julie pertenecía. Elena vino con Julie a quitarme las suturas. Mientras trataba de distraerme del dolor, me estrechó la mano y me dijo que había venido a mi habitación en la Unidad de Cuidados Intensivos todas las noches cuando no había nadie cerca y había traído su «siddur», o libro de oraciones judías. Elena me dijo que había rezado por mí, pidiendo que me recuperara. Me dijo que había notado mi pequeño siddur, azul y dorado, en la mesita de noche. Me contó que su abuelo le había dado un libro de oraciones del mismo estilo hacía muchos años y que lo había traído todas las noches para orar en mi habitación. Se había establecido una conexión entre nosotras gracias al libro de oraciones. Elena me dijo que había seguido mi caso muy de cerca, que había leído mis informes médicos y había hablado con otros doctores. Con el rostro bañado en lágrimas y con voz temblorosa, le pregunté: «¿Por qué sobreviví?». Elena respondió: «No puedo darte una razón médica por la cual hayas sobrevivido, creo que necesitas buscarla en el ámbito espiritual».

¿Espiritual? ¿Era como si D-os me hubiera sacado adelante? Tal vez. ¿Pero no fui yo la que les dije a todos que esto iba a suceder? ¿Cómo lo supe? Estas preguntas «vitales» eran demasiado abrumadoras para abordarlas en ese momento y me cansaba mucho pensando en ellas.

Al día siguiente, mientras estaba conectada a la máquina de diálisis para la «limpieza» de cuatro horas, otro grupo de cardiología se me acercó y me preguntaron si podían «entrevistarme». «¿Sabes lo afortunada que eres por haber sobrevivido a esto?». Me lanzaban una pregunta tras otra como si se tratara de un interrogatorio. Era incómodo y yo me sentía como un experimento científico. Ellos hablaban de mí como si yo no estuviera ahí. Empecé a llorar.

CARLA, LA ENFERMERA QUE SE encargaba de este procedimiento, me preguntó si yo rezaba y luego me preguntó cuáles eran mis intenciones en lo relacionado con los resultados de mi situación. Tal vez los medicamentos habían dañado mi capacidad pensante, pero en ese momento yo no entendía lo que me estaba diciendo. Entonces, me contó una historia.

Hacía años, ella había tenido un accidente automovilístico terrible y había estado donde yo me encontraba ahora; recibiendo diálisis para ayudarle y salvarle la vida. Me dijo que su hija de dos años le preguntaba a su abuela por qué su mami parecía un monstruo, y que la niña no quería que ella la cargara. Esto hizo que Carla estuviera a punto de darse por vencida y dejarse llevar por su mala fortuna; pero entonces tomó una decisión. Se dijo: «Voy a vivir, y voy a ser más fuerte que antes, no voy a permitir que me consuma mi negatividad o la de otras personas».

Esto no solo era «pensamiento positivo» por parte de Carla, era una fuerte intención de vivir. Y no solo en sentido físico, sino también en un sentido espiritual. Eso fue todo. En ese momento, lo entendí. Ella me estaba diciendo que recurriera a mi energía espiritual para salir de mi estado mental. Hasta ese momento, yo me había concentrado en el mundo físico. Ahí fue donde comenzó mi recuperación espiritual, y marcó una gran diferencia en mi rehabilitación física.

Esa misma tarde, el rabino de nuestra familia, el rabino Mentz, llegó de Los Ángeles. Y me sorprendió verlo entrar a mi habitación en el hospital. Me dijo que cambiara la tristeza y frustración que sentía cuando los médicos me decían lo afortunada que era de estar viva, y que las transformara en agradecimiento a los médicos que me habían mantenido viva. Me recordó que el hecho de que los médicos vean un caso y digan que han sido testigos de un milagro para el que no había explicación científica, no es algo que pase todos los días. Su asombro también era una forma de reconocer el gran trabajo que habían realizado para salvarme. Yo necesitaba darle otro giro a esto.

Esto podría verse como «la mente sobre la materia», pero empecé a sentirme mejor. Lo había decidido. Después de estar seis días en estado de coma, seguidos de muchas semanas de «no estar ahí» mentalmente, quería volver a sentir que era parte del mundo tan pronto como me fuera posible.

Me esforcé por levantarme y caminar. Me enfrenté al dolor, a los coágulos que salían de mis incisiones y caían en los calzones de abuela que le dan a uno en los hospitales, los cuales ya estaban manchados de sangre, y me enfrenté al terrible aumento de peso que había tenido. Lo superé todo.

La atención constante de los médicos y el personal del hospital empezó a disminuir, y a la larga regresaron a su rutina habitual de trabajo. Un día, llegó una trabajadora social a mi habitación para hablar sobre la condición de Jacob: ¿Podían darlo de alta? Jonathan no estaba ahí, así que la trabajadora social me pidió que llenara el papeleo relacionado con su acta de nacimiento. Yo todavía estaba bajo el efecto de los medicamentos y cometí errores al escribir el segundo nombre de Jacob y mi nombre. La trabajadora social también quería saber si tenía yo a alguien en casa que se encargara de Jacob cuando lo dieran de alta y si la casa ofrecía un entorno seguro para él. Mi hermana dijo que mi conversación con la trabajadora social fue cómica.

TRABAJADORA SOCIAL: ¿Tiene alguien que le ayude en casa?

YO: Claro, tenemos una docena de personas que viven con nosotros y nos ayudan 24 horas al día.
TRABAJADORA SOCIAL: Muy bien, eso es único, pero es fantástico. ¿Hay escaleras en la casa?
YO: No, vivimos en un apartamento de un piso. (En realidad hay 32 escalones).
TRABAJADORA SOCIAL: ¿Tiene forma de moverse en la ciudad?
YO: Sí, tengo un chofer personal que trabaja 24 horas al día para nosotros.

No estaba siendo sarcástica. En realidad lo creía. Bueno, podrías creer que para ese momento, ella dejaría de tomar notas al darse cuenta de que yo estaba bajo el efecto de los medicamentos y arrastraba las palabras. Pero no se detuvo y continuó con las preguntas:

TRABAJADORA SOCIAL: Muy bien, así que conducir un auto no representa un problema. ¿Su esposo trabaja?
YO: No, está jubilado. Se queda conmigo en la casa 24 horas al día.

Mi hermana actuó con inteligencia y llamó a Jonathan para decirle que regresara a mi habitación de inmediato. Él puso una nota en la puerta que decía:

Nadie debe hablar con la Sra. Arnold
sin el permiso de su esposo.

Rosalind, mi mejor amiga, viajó para ver cómo me estaba sintiendo. Imagínate a una portorriqueña que vive en Nueva York, que se ríe a carcajadas, es histérica, hermosa e ingeniosa… excepto que ella es de Framingham, Massachusetts… Así es Ro. Ninguno de mis familiares le había advertido de la severidad de lo que me había ocurrido. Tal vez pensaron que se asustaría demasiado y no vendría a verme, pero no contaban con el vínculo tan estrecho que nos une. Yo sabía que vendría a verme sin importar lo que pasara.

Todos los que me habían visto en las últimas dos semanas me habían dicho que me veía muy bien. Sé que me veía mejor que en el primer día, pero en realidad yo no me sentía bien y probablemente me veía peor. Estaba segura de que Rosalind me diría la verdad. La primera vez que me vio, me estaban llevando a la habitación después de la diálisis. Vi la expresión de su rostro. Se le estaban llenando los ojos de lágrimas y estaba boquiabierta. Hizo su mejor esfuerzo por ocultar su rostro detrás de alguien, pero yo ya la había visto. La expresión de su rostro me dijo que tenía yo un largo camino por recorrer.

Mis sentimientos fluctuaban. En un minuto estaba decidida a vencer todo lo que se presentara, al siguiente caía en una depresión profunda, estaba convencida de que este era el final. Necesitaba dormir, quería comer, quería estar menos hinchada y no sentir dolor. Quería tener una señal de que estaba avanzando y que no quedaría atrapada en lo que yo consideraba un purgatorio. Esa era una petición masiva, así que la reduje a los próximos cinco minutos. Quería sentirme mejor durante los próximos cinco minutos.

Le pregunté a Ro:

—¿Qué harías si estuvieras en mi situación? ¿Qué puedo hacer, Ro?

Ella dijo:

—Ma, no sé qué podría hacer por ti, aparte de orar.

—Está bien —dije—. Vamos a orar, por favor.

Ahí estábamos, una cristiana y una judía pidiéndole ayuda a D-os. Ella dijo que sentía que el espíritu de D-os estaba en la habitación y me tomó de la mano; ambas empezamos a llorar. Lo único que yo sentía era una cantidad enorme de dolor y angustia, y no podía concentrarme en orar. Ella oró por mí. Oró pidiendo que yo pudiera dormir bien esa noche. Oró pidiendo que estuviera más fuerte y que me viera y me sintiera menos hinchada.

Cuando me acosté esa noche, dormí dos horas, pero sentí que había dormido toda una noche. y aunque no lo creas, cuando desperté estaba un poco menos hinchada y tenía un poco de color en el rostro. Cuando Rosalind me vio, dijo:

—¡Vaya, funcionó!

Mi situación estaba cambiando.

En los días siguientes, mis médicos vieron mejoría en mi corazón, mis pulmones, mi sangre y en mi estado general de salud, pero mis riñones todavía estaban mal. Pronto podría irme a casa, después de que me pusieran un acceso venoso semipermanente en el pecho para recibir diálisis como paciente externa.

Después de tres semanas y media de gravedad, me dieron de alta en el hospital. Tenía un montón de notas de los médicos, citas que tenía que cumplir, medicamentos e instrucciones que debía seguir para mantenerme en el mejor estado de salud posible. Sería un largo camino hacia la recuperación, pero la distancia a casa era corta, y en ese momento eso era lo único que importaba. Me llevaron en silla de ruedas hasta el coche y me subí. No dejaba de ver hacia atrás, como si se hubiera cometido un error y fueran a llevarme de nuevo a una sala del hospital. Debí concentrarme en el hecho de que este era el primer viaje de Jacob en coche. Pronto vería por primera vez su cuarto, su hogar y su nuevo mundo.

Nos estacionamos frente a la puerta de la casa, miré el cielo, miré los ricos colores de las flores, y miré a toda la gente que había en la calle; parecía que no tenían una sola preocupación en el mundo. Sus cuerpos se movían rápido, los niños reían y algunas personas trabajaban en sus jardines. Empecé a sollozar. Realmente era una sensación extraña estar entre los seres vivos cuando me sentía tan muerta por dentro. Sentía que el mundo había continuado su marcha sin mí, lo que fue increíblemente desconcertante.

Sin embargo, estaba feliz de estar en casa. Subir la escalera para ir a mi habitación era como escalar el Everest sin oxígeno. Me acosté en mi cama y me dio gusto sentir las sábanas «reales» que no olieran a hospital. El hecho de haber vuelto a casa significaba que estaba mejorando.

Sin embargo, varias horas después, me subió mucho la temperatura. Mi sensación de libertad y esperanza se hizo añicos. Yo sabía lo que iba a pasar. Jonathan llamó a Julie y ella dijo lo que yo temía que iba a decir: «¡Vayan a urgencias *de inmediato*!».

Capítulo 9

Y ASÍ, REGRESÉ AL HOSPITAL para lo que resultó ser un intento fallido de determinar lo que estaba causando que me subiera la temperatura. Un médico dijo que tal vez se trataba de una enfermedad que había contraído en el hospital. No obstante, los antibióticos funcionaron y me dieron de alta una semana después de haber ingresado.

La transición a la vida en casa fue difícil. En las noches me sentía muy sola. Todos en la casa estaban dormidos, pero yo estaba demasiado petrificada y no podía cerrar los ojos. Me preocupaba pensando que no podría despertar.

Una noche encontré las cartas de despedida que había empezado a escribir. Al volver a leerlas, con lágrimas en los ojos, me di cuenta de que no las había terminado porque no tenía que hacerlo. Mi firma habría significado «el final», tanto en sentido figurado como en sentido literal. Algo había impedido que yo las terminara, pero no tenía idea de lo que había sido.

Al paso del tiempo, la incisión con líneas color púrpura en el centro de mi abdomen empezó a cerrar, pero la incisión de la cesárea seguía abierta. Parecía una segunda boca justo arriba del hueso del pubis. Era muy dolorosa y se veía horrible, era una ventana de 13 centímetros hacia mis entrañas. Los médicos dijeron que teníamos que mantenerla húmeda con una gasa con solución salina y que la cambiáramos dos veces al día, quitando los coágulos con pinzas quirúrgicas. Jonathan había aprendido a hacer el procedimiento en el hospital. Con absoluta precisión, acomodaba todos los instrumentos y vendajes, se lavaba las manos y los brazos hasta los codos y se ponía los guantes quirúrgicos estériles como las enfermeras le habían enseñado a hacerlo para no contaminarlos. Entonces sacaba los coágulos, limpiaba la herida y volvía a cubrirla. Decía que le gustaba representar el papel de médico, pero yo sabía que había algo más. Era su forma de mostrarme su amor incondicional.

Nunca había experimentado esta clase de amor intenso y profundo antes de conocer a Jonathan; un amor que al parecer solo vemos en las películas. Mis amigos y familiares podían verlo en la forma en que nos mirábamos o nos tomábamos de las manos siempre que podíamos. Habíamos prometido estar juntos «en la salud y en la enfermedad» y supongo que tuvimos que comprobarlo. Jonathan estaba superando la prueba magníficamente. La catástrofe no alteró el vínculo que nos unía, lo estaba fortaleciendo.

El proceso de sanar había comenzado. Empecé con la terapia física y comencé a caminar de nuevo, poco a poco. No podía amamantar a Jacob y eso me dolía más de lo que puedo explicar. Yo no soy de las mujeres que necesitan amamantar a sus hijos hasta los cinco años de edad, pero con Adina disfruté ese lazo, el contacto de nuestra piel y los momentos de tranquilidad. Me encantaba ser esa línea vital. Jacob despertaba cada dos horas y alguien tenía que alimentarlo y cambiarle el pañal. Yo no podía cargarlo. Ni siquiera podía alimentarme y cambiarme de ropa sola. ¿Cómo me iba a encargar de un recién nacido? Eso me rompía el corazón.

Si alguna vez has estado en diálisis o has sufrido un ataque cardiaco, si te has sometido a una cirugía abdominal o tienes problemas de respiración, sabes que cualquiera de esas condiciones puede incapacitarte durante semanas o incluso meses. Yo tuve todos esos problemas simultáneamente, además de tener un bebé y una familia que necesitaba verme mejorar tan rápido como me fuera posible.

Esforzándome, mejoré relativamente rápido. Después de dos semanas de recibir diálisis como paciente externa, mis riñones respondieron. Sentí como si una noche me hubiera acostado con el triple de mi talla y a la mañana siguiente hubiera despertado con mis *jeans* ajustados. El cambio en realidad no ocurrió de la noche a la mañana, pero después de siete semanas, finalmente había eliminado los líquidos. Y como no había podido comer durante esas siete semanas, estaba más delgada que antes de quedar embarazada. Si algo bueno resultó de esta pesadilla, fue la pérdida de peso. Pero no se la recomendaría a nadie como un sistema para perder peso. Jamás.

Incluso después de siete semanas, no podía yo cargar a Jacob ni llevar a Adina a la cama. No podía subir y bajar la escalera sin sentirme mareada. No me permitían conducir un auto. Tenía un dolor abdominal agudo y no podía levantar nada que pesara más de medio kilo. Mi hijastra, Valentina, había llegado y me ayudaba mucho con sus hermanos pequeños, pero yo ni siquiera podía disfrutar el poco tiempo que teníamos juntos. Yo estaba en una niebla. Prácticamente, yo era como la cuarta hija de mi esposo. Él nos cuidaba a todos, y no teníamos idea de cuánto iba a durar esto. Mi esposo había solicitado autorización para no presentarse a trabajar a la Oficina del Procurador General en Nueva York, sin paga, y no sabíamos lo que íbamos a hacer cuando llegara el momento en que tuviera que regresar al trabajo.

Cuando alguien venía a visitarme, también se mostraba asombrado cuando me veía. Parecía que estaban viendo a un muerto viviente, o al menos así es como yo lo sentía. Se limitaban a hacerme preguntas sencillas. Querían saber cómo me sentía, qué habían dicho los médicos. Todo era muy agradable, pero nada era demasiado íntimo.

Mi amiga, la psicóloga, era una de las pocas personas que estaban dispuestas a hablar de lo que yo había dicho antes de dar a luz a mi hijo. Me dijo:

—Por supuesto estaba devastada por lo que te pasó, pero estaba en *shock*. Tú me habías preparado para lo que estaba a punto de suceder.

Capítulo 10

Me estaba poniendo más fuerte físicamente día tras día, pero cada vez que intentaba procesar lo que me había pasado, perdía esa fuerza. En especial cuando se trataba de mis premoniciones. ¿Cómo y por qué había yo visto mi propia muerte? ¿Había un significado más profundo en mis premoniciones? Empecé a buscar en Internet con la esperanza de encontrar algo... cualquier cosa.

En la primera página de mi búsqueda, encontré una historia tras otra de personas que habían visto su futuro antes de que ocurriera. Como Eryl Mai Jones, la niña galesa de 10 años de edad que en octubre de 1966 le dijo a su mamá:

—No tenía miedo de morir. Voy a estar con Peter y June.

Su mamá no prestó atención a esta frase extraña. Pocos días después, el 20 de octubre, Eryl Mai trató de decirle a su mamá una vez más:

—Deja que te cuente sobre mi sueño de anoche. Soñé que iba a la escuela y no había una escuela ahí. ¡Algo negro había bajado sobre ella y la había cubierto!

Una vez más, su mamá ignoró los comentarios de su hija considerando que eran imaginarios. Al día siguiente, el 21 de octubre, un colapso catastrófico en una mina que se encontraba sobre la ciudad causó un enorme derrumbe de agua, rocas y esquisto desde la montaña. Destruyó todo a su paso… incluyendo la escuela de Eryl Mai. Ella, sus amigos Peter y June, otros 113 niños y 28 adultos, murieron ese día. Y Eryl Mai lo había visto todo antes de que pasara.

Increíble. Ahí estaba en blanco y negro. Era una prueba de que las premoniciones son reales. Me consoló saber que yo no estaba sola.

Seguí investigando. Encontré la historia de Dan Pearce, un *blogger* popular que tiene un sitio web llamado *Single Dad Laughing* (Padre soltero riendo). Él recordó una ocasión en que su hijo tenía tres años e hizo un berrinche tremendo cuando estaban tratando de salir de la casa porque «él no quería chocar y morirse». Diez minutos después simplemente dejó de hacer berrinche y aceptó salir de la casa». Cuando salían, un accidente ocurrió justo enfrente de ellos. Habrían estado involucrados en ese accidente si su hijo no hubiera hecho un berrinche. El niño había visto todo antes de que sucediera.

Encontré a Trisha Coburn. Sus premoniciones llegaron en una serie de sueños en los que «estaba de pie frente a una cerca de alambre de púas detrás de la cual estaban cinco o seis personas muy frágiles de grandes ojos de color azul oscuro y piel tan pálida que parecían fantasmas». Sentía que estaban tratando de decirle algo. Ella siguió teniendo ese sueño semana tras semana, y en cada ocasión el número de personas que veía era mayor. Y en cada ocasión no podía entender lo que ellos querían que ella supiera. Pero Trisha sabía que algo estaba mal. Llamó a su médico y le pidió que le hicieran un examen físico aunque le habían hecho uno hacía seis meses. El análisis de sangre estuvo bien. En otro sueño, había «cien personas que gemían, gritaban, me suplicaban». Trisha repetía: «¡No sé lo que quieren de mí. Por favor, por favor díganme lo que se supone que tengo que hacer». El último sueño de Trisha mostró el mismo escenario, pero no había nadie. Ella suplicaba: «Por favor, regresen. ¡Necesito que me ayuden!» Una voz dijo: «Mira más profundamente». Trisha llamó a su médico y le preguntó cuál era la parte más profunda del cuerpo humano. El médico le dijo: «Supongo que es el colon». Ella le exigió que le hiciera una colonoscopía, y el médico encontró una masa negra. Era cáncer, y estaba creciendo. El médico dijo que si hubiera esperado otros dos meses, ella probablemente habría muerto.

Ahora yo podía relacionarme con estas personas. Yo había visto lo que me iba a pasar antes de que sucediera. Y luego todo había sucedido exactamente como yo lo había visto, excepto por una cosa. No me morí… definitivamente. La escena del funeral nunca se hizo realidad, afortunadamente.

Estos casos me hacían sentir un gran alivio y confirmaban que en realidad podemos percibir algo antes de que suceda, que podemos «saber» ciertas cosas y que necesitamos hablar de ellas, sin importar lo ridículas que puedan parecerles a otras personas, aunque se trate de un esposo amoroso que te apoya.

Jonathan leyó estas historias conmigo pero no estaba convencido de que los sucesos que narraban tuvieran una relación espiritual. Me sentí muy frustrada pues al parecer él ni siquiera creía en estos relatos, aunque estaban muy bien documentados. Entonces pensé: ¿Cómo podría creerme? Aunque habíamos vivido mis premoniciones y luego habíamos visto que se hacían realidad, a él todavía le costaba trabajo creerlas. Creía que tenía que haber una explicación científica. Su escepticismo hizo que yo empezara a preguntarme qué había pasado. Sabía que tenía que llegar a niveles más profundos para ver si el haber tenido premoniciones y después vivir la experiencia de casi morir, había sido una coincidencia, o si había yo recibido una especie de percepción del futuro. El pragmatismo implacable de Jonathan me impulsó a buscar respuestas, ya que ahora yo tenía una misión: comprobarle a mi esposo que las premoniciones eran reales.

Necesitaba evidencias. Necesitaba hablar con algunos de mis médicos que habían estado conmigo a lo largo de esos meses de presagios y premoniciones. Quería saber si había una explicación científica para mis premoniciones. Tal vez estos médicos habían tenido otros pacientes que hubieran experimentado esa misma sensación de melancolía y fatalidad o que hubieran visto sus propias «películas». Y si había otras personas, tal vez podría yo encontrar cierta clase de patrón o puntos comunes entre nosotros. Estaba buscando cualquier detalle que mis médicos pudieran darme. Cualquier cosa.

Primero fui a ver a la doctora Grace Lim, la anestesióloga con la que hablé por teléfono un mes antes de mi muerte. Le pregunté por qué había marcado mi expediente después de que le hablé de mis premoniciones. Me dijo:

—Es raro que alguien me diga que está seguro, sin sombra de duda, de una sensación negativa que tiene. Tú estabas tranquila, pero muy preocupada.

Dijo que otros pacientes que experimentaban ansiedad sobre el procedimiento al que se someterían, se tranquilizaban después de hablar sobre los riesgos y los posibles resultados. Pero yo no. Grace dijo que mi sensación de «temor era muy intensa y muy firme» y que la impresionó mucho.

Es cierto que el riesgo de tener complicaciones debido a la placenta previa también hizo que Grace marcara mi expediente, pero me dijo que no podía quitarse de la cabeza las últimas palabras que le dije por teléfono ese día. Mis palabras fueron: «Es lo que es», en otras palabras, lo que iba a pasarme ya estaba escrito en las cartas, y nada que alguien me dijera lo iba a cambiar ni iba a lograr que yo dejara de sentir miedo.

Grace dijo que mis presentimientos, unidos al riesgo médico de que la placenta previa provocara algo peor, la motivaron a crear un protocolo para mi caso que incluyó conseguir más sangre, sondas adicionales y un carro especial con los medicamentos y dispositivos necesarios para dar una respuesta rápida ante un paro cardíaco u otro tipo de emergencia médica. Ese protocolo, esas palabras sencillas en un informe, le ayudaron a salvar mi vida.

Lo interesante fue que Grace me habló de una «sensación» que ella tuvo el día que llegué al hospital. Dijo:

—Le dije a Nicole que estaba preocupada de que algo ocurriera.

Me explicó que fue más que solo un temor. Grace dijo que ella sabía que tenía que estar en la sala de operaciones donde me estaban atendiendo y no en otra sala cercana donde se estaba realizando otra cesárea. En realidad no era necesario que ella estuviera en la sala de cirugía donde me estaban atendiendo porque Nicole Higgins, la otra anestesióloga, ya estaba ahí. No obstante, se sintió obligada a estar a mi lado. Grace me dijo:

—Había algo especial ese día; sentí la presencia de D-os y sentí que mi espíritu estaba conectado al tuyo. Necesitaba estar ahí.

Aunque ella se considera una persona espiritual, y cree que D-os tiene mucho que ver con la interacción de los pacientes, dijo que no podía explicar mis premoniciones, o las suyas en todo caso.

—Honestamente no sé cómo explicar nuestras mutuas premoniciones. Sería complicado estudiarlas a nivel científico.

Grace también me dijo que tres semanas antes de mi emergencia médica, ella y Nicole habían asistido a la conferencia anual de la Sociedad Americana de Anestesiólogos. Asistieron a un seminario en el que escucharon reseñas sobre nuevos estudios y métodos médicos. Durante esa sesión, se presentó un estudio sobre embolias de líquido amniótico, y ellas conocieron un método nuevo para salvar la vida de la madre segundos después del incidente agudo. Ninguna de las dos había atendido antes a una paciente que presentara una embolia de líquido amniótico, y no había una razón por la cual llegaran a atenderla. «Pensé que la información era interesante», recordó Nicole, señalando que había guardado el artículo como lo hacía con cualquier otro documento interesante. «Nunca pensé que pocas semanas después atendería a una paciente con este problema». Yo no creo que solo haya sido una coincidencia.

Le pregunté a Grace si estaba sorprendida por todo lo que había pasado.

—Claro que todos estábamos impactados y desconcertados. Estábamos preparados, pero tú estabas mejor preparada. Ese día estabas rodeada de la presencia de D-os, y probablemente lo estuviste durante todo el tiempo que duraron tus premoniciones.

Al inicio de nuestra conversación, Grace había dicho que ella era más espiritual que muchos de los médicos que conocía. Me sentí agradecida por eso. Sin duda, fue puesta en mi camino por esa razón. También creo que su espíritu estaba conectado con el mío ese día y durante varias semanas antes. La sala de operaciones estaba preparada para salvarme la vida ese día, gracias a Grace.

Empecé a pensar en esa conexión y en la razón por la cual ocurrió. ¿Por qué Grace contestó el teléfono al azar ese día y comprendió lo que yo estaba diciendo instintivamente? ¿Por qué tenía esos sentimientos tan reales y llenos de temor en el momento que me llevaron a la sala de partos en una camilla? ¿Fue una coincidencia que Grace y Nicole hubieran asistido a la conferencia anual solo tres semanas antes de que yo muriera, y que estuvieran en un seminario donde conocieron técnicas nuevas para salvar a alguien que sufriera de esta condición poco usual? Aquí había algo más grande en juego, una fuerza gigantesca había puesto las cosas en su lugar para asegurar que yo saliera de esta situación. Nada de lo que me había pasado era una coincidencia. Estaba segura de eso.

Llamé a Nicole y le pregunté qué pensaba del hecho de que mis premoniciones resultaran ciertas.

—No sé qué pensar sobre eso —dijo Nicole—. Como científica, me es muy difícil explicar esto. Pero tampoco puedo restarle importancia.

Al final, quise hablar con Julie, mi obstetra/ginecóloga, para saber qué pensaba. Después de todo, ella era la doctora que había estado escuchando mis temores durante meses. Ella me atendió cuando nació Adina, era más que una doctora para nosotros... se había convertido en una amiga. Aun así, yo no sabía si era una persona espiritual o religiosa. No tenía idea de cómo se sentiría si yo abordaba este tema con ella, pero sentía curiosidad y quería saber cómo se sentía con todo lo que había sucedido. Ella respondió a mis preguntas de inmediato.

—Entiendes lo aterrador que fue esto; tú sabías que ocurriría algo de mayor magnitud —dijo Julie.

Repasamos cada premonición, y ella confirmó que, excepto la que tenía que ver con mi funeral, cada una se había cumplido. Era un alivio saber que ella finalmente me había creído, aunque lo hubiera hecho después de que las cosas sucedieron.

—Realmente me asombra —dijo—, no sé si hay una explicación sobre la forma o la razón por la cual tuviste esas premoniciones. Solo las expresaste y acertaste, todo ocurrió como lo habías predicho.

Las respuestas de las doctoras me hicieron sentir un gran alivio y validaron mi postura. Me ayudaron a sentir que yo no estaba loca, que todo había sido real. Aquí estaban ellas, científicas que creían en hechos, no en conjeturas, pero que al parecer creían que yo había podido ver mi futuro, aunque no había evidencias que lo apoyaran.

En ese momento me convencí completamente de que mi percepción de lo que iba a ocurrirme era absolutamente real. Jonathan no pudo argumentar. Al igual que las doctoras, él siempre había explicado el mundo mediante hechos concretos, pero de pronto otras personas que pensaban como él estaban convencidas de lo contrario. «Es interesante», dijo cuando le pregunté qué pensaba sobre las respuestas de las doctoras. Entonces, él de pronto cambió el tema de la conversación. Esto seguía estando fuera de su zona de confort.

Yo estaba tratando de procesar toda esta información tanto a nivel mental como emocional, pero era muy difícil hacerlo sola, sabía que necesitaba ayuda profesional.

Capítulo 11

ME ESTABA SINTIENDO MEJOR, pero también percibía que integrar todo lo que había ocurrido sería abrumador para mí si no conseguía algo de ayuda. Físicamente estaba mejor, pero no mentalmente. Yo no sabía cómo enfrentar mi dolor emocional, y Jonathan ni remotamente estaba preparado para asumir su propio trauma emocional. De hecho, sus respuestas estoicas afirmando que «estaba bien» o diciendo «solo estoy feliz de haber salido de esto», me hacían sentir que yo necesitaba apreciar el hecho de que estaba viva y que «había superado» todo lo demás. El hecho de no poder hacer justamente eso, me frustraba.

Entonces decidí que el siguiente obstáculo a vencer en el proceso de sanar, sería la psicoterapia. En el pasado, la terapia siempre me había ayudado a navegar por mares desconocidos, me había guiado cuando estaba en un cruce de caminos y tenía que tomar decisiones. Yo sabía que necesitaba descubrir mecanismos para enfrentar lo ocurrido, para manejar todo lo que superaba mi capacidad para resolver situaciones. Era necesario que la terapia, para mi esposo y para mí, empezara tan pronto como fuera posible. Tal vez Jonathan no estaba dispuesto a admitir que había problemas relacionados con esto, pero sabía que él tendría que estar conmigo y pasar a través de ello, aunque solo fuera como espectador. Yo tenía la esperanza de que a la larga se involucrara y hablara sobre lo que le había causado dolor. Yo sabía que había dolor, aunque él lo negara.

Les pedí a algunos de mis médicos que me recomendaran terapeutas que tuvieran experiencia en problemas de mujeres, condiciones después del parto y nacimientos difíciles. También quería encontrar a alguien que tuviera la experiencia adicional de haber tratado a personas con experiencias cercanas a la muerte. Sin embargo, resultó que no era fácil encontrar una persona con estas características en Chicago.

Mi agenda para sanar era larga: quería descargar la culpa que sentía por no haber tenido una conexión con Jacob al principio, quería liberarme de la culpa de haber sobrevivido, y necesitaba enfrentar a la bestia que había tratado de destruirme. Necesitaba valor para leer sobre la embolia de líquido amniótico, entender la condición y finalmente desprenderme de mi propia experiencia con ella. Sabía que si no enfrentaba todo esto directamente, el miedo se enterraría en lo profundo de mi interior y nunca sería capaz de sacarlo. Deseaba que la psicoterapia me diera la herramienta que necesitaba para superar el dolor físico y mental, pero también que alguien me ayudara a entender mis premoniciones y la forma en que habían ocurrido, y también deseaba que alguien pudiera ayudarme a tener energía para sanar. Esto era mucho pedir.

Me reuní con la primera terapeuta. Era muy agradable y estaba muy bien preparada. Cuando abordamos el tema en la primera sesión, le dije:

—Necesito saber cómo protegerme cuando nos embarquemos en este trayecto espiritual.

Había leído que cuando profundizas en una tarea espiritual, debes visualizar algo como una luz o una cúpula a tu alrededor para proteger tu campo de energía de modo que nada pueda penetrarlo mientras aprendes alto en el campo de la metafísica. Ella, como buena psicoterapeuta, me respondió de una manera muy sincera y lineal:

—¿Por qué sientes la necesidad de protegerte?

Sonreí. Sabía que se necesitaría mucho más de una sesión para explicarle lo que yo quería decir, y ahora no tenía tiempo de hacerlo. Así que le di las gracias por haberme recibido y seguí adelante.

Después de varias semanas y de unas cuantas terapeutas más, encontré a alguien que me agradó. Era una mujer de aproximadamente cuarenta años de edad, era rubia, hermosa y tenía tres hijos pequeños. Tenía una actitud sensata. No era el tipo de terapeuta que te pregunta: «¿Qué piensas?». Te decía exactamente lo que pensaba y la forma en que abordaríamos la situación. Valoré ese enfoque ya que en ese momento el aspecto de mi personalidad que era capaz de «tomar control» estaba oculto y yo necesitaba que alguien más tomara las riendas y simplemente me dijera qué hacer. Confié en ella instintivamente, le hablé abiertamente, y lo más importante fue que la escuché.

Le dije que me sentía separada de mi cuerpo, lloré todo el tiempo por nada y por todo, y no quería que se me recordara lo que había pasado. Sentí alivio cuando ella me dijo que lo que estaba sintiendo era normal. Me habló sobre el trastorno de estrés agudo, que se presenta en múltiples formas.

Jonathan me acompañó y también la escuchó. Él respondió a la mayoría de las preguntas de la terapeuta porque yo no dejaba de llorar. Él se encargó de la situación y le preguntó qué necesitábamos hacer. Le preguntó cuál sería la mejor forma de alcanzar diferentes metas, cómo sabríamos en qué momento habíamos superado una dificultad y en qué momento sabría ella que la terapia había tenido éxito y que podíamos darla por terminada. Pensé que esta última pregunta era prematura, pero me sentía orgullosa de tener a Jonathan a mi lado, de que él fuera mi hombre, que interviniera, que tomara notas y me ayudara a volver a la normalidad.

Ella nos dijo que si después de seis meses no me estaba sintiendo mejor, debía abordar algo más serio: el trastorno por estrés postraumático. Nos dijo que algunos casos de este trastorno pueden ser muy severos. De padecerlo, yo podría sentir temor ante tareas muy sencillas o incluso sentirme nerviosa por el hecho de ser responsable de mis hijos. De ser así, tendría que comenzar con una intensa terapia de diferente tipo.

Entonces tomé una decisión. Yo nunca habría deseado enseñarles a mis hijos a vivir con miedo, y necesitaba guiarlos con mi ejemplo. Esa terapia me ayudó a tener la fuerza que necesitaba para enfrentar a la bestia, a aquello que casi me había matado, y no iba a permitir que me incapacitara por el resto de mi vida.

Cuando alguien mencionaba mi experiencia en el hospital, normalmente desviaba la conversación diciendo: «Evitamos la bala». La gente aceptaba eso y pasaba al siguiente tema de conversación. Sentía alivio al ser capaz de apartar la atención del gorila de 360 kilos que estaba en la habitación en esta forma. Pero en una sesión, la terapeuta dijo:

—No evitaste la bala. La bala te impactó directamente. Sobreviviste a la bala.

Me comentó que necesitaba aceptar eso, y de pronto sentí un respeto recién descubierto hacia lo que había pasado. Necesitaba reconocerlo y darle el respeto que se merecía.

A partir de ese momento, siempre que alguien me preguntaba sobre lo que había sucedido, le decía cómo había sobrevivido, no cómo había muerto. Ese cambio abrió la conversación, en lugar de cerrarla. Yo miraba a los ojos a la persona que me hacía la pregunta y de inmediato entrábamos en una conversación profunda sobre la forma en que yo había visto lo que me sucedió antes de que ocurriera. A veces sentía que no era natural ser tan abierta respecto a mis sentimientos, pero sentía que si yo había podido percibir que las cosas estarían mal para mí, tal vez otros también podrían hacerlo si escucharan sus propios instintos. Y la gente escuchaba.

No se trataba de mí. Se trataba de ayudar a otros a entender que si percibían algo, debían comentarlo pues hablar de ello podría salvarles la vida. Ya sea que fuera el mesero de Starbucks o un amigo cercano, yo hablaba con todos.

Un día me llamó una amiga para decirme que tenía un dolor extraño en el estómago y que se sentía inquieta. Había dado a luz hacía seis semanas. Su esposo pensó que era una reacción emocional, pero ella sabía que algo estaba mal. Me llamó para decirme que tenía una cita con su médico pero que tenía miedo. Le pregunté por qué tenía miedo y me dijo: «No me quiero morir». Eso hizo que me pusiera muy alerta. Le dije que fuera al hospital de inmediato, y que yo la vería allá después de encargarme de ver que mis hijos estuvieran bien.

Ella llegó al hospital y resultó que su instinto había estado en lo correcto. El examen reveló que habían dejado un trozo de placenta en el útero. Le dijeron que extraerlo sería un procedimiento de 20 minutos. Lo podían llevar a cabo de inmediato y todo estaría bien. No era un problema serio. Pero para cuando llegué al hospital, dos horas después, ella estaba en la Unidad de Cuidados Intensivos con un coma inducido médicamente. Después de varios días en la Unidad de Cuidados Intensivos, salió del problema, y cuando se estaba recuperando en su casa, dijo que nunca volvería a quedarse callada. Había aprendido que su instinto era mucho más fuerte de lo que ella creía, y su fortaleza espiritual creció a nivel exponencial.

La experiencia de mi amiga me recordó que en nuestra sociedad no siempre se anima a las personas a escuchar a su cuerpo o a sus sentimientos. Pero ignorar lo que sabemos en niveles profundos nos pone en un gran peligro.

En ocasiones me consumía un deseo casi evangélico de contar mi historia y animar a otras personas a confiar en sus sentimientos, a confiar en su cuerpo, a confiar en lo que sabían en su interior. Si *percibes* algo, *di* algo. Eso llegó a ser mi lema, y nadie estaba fuera de mi alcance. Cuando le estaba contando a un plomero lo que me había sucedido, su asistente me escuchó hablar sobre la sensación de tener presentimientos. Me preguntó cómo se sentía eso. Luego me dijo que había estado posponiendo una prueba de esfuerzo, o ergometría, aunque sabía que su corazón andaba mal. Tenía mucho miedo y pensaba que lo que no supiera no lo iba a dañar. Le dije que, al contrario, esconderse de algo por temor podía matarlo. Hizo una llamada para concertar una cita ese mismo día. Después me llamó para decirme que los exámenes habían mostrado algo, pero no me dijo nada concreto. Lo que sí me dijo fue que no estaba en peligro inmediato y que someterse al examen había sido el primer paso para proteger su vida. Estaba agradecido conmigo por haberlo impulsado a tomar esta decisión.

Una a una, las personas conversaban conmigo sobre mi experiencia; querían conocer detalles y querían saber cómo esto podría ayudarles en su vida diaria. Me hacían muchas preguntas, por ejemplo: «¿Qué sentías que hizo que esta experiencia fuera diferente a simplemente pasar a través de algo?»... «¿Les dijiste a los médicos: "Se los dije"?»... «¿Te habías sentido así antes?». Respondía a todas sus preguntas y luego decía: «Si percibes algo di algo».

Me estaba fortaleciendo y finalmente pude abrir la computadora para leer una historia tras otra sobre la embolia de líquido amniótico y la posibilidad de sobrevivir a ella. No era muy factible.

Encontré la historia de una pareja; habían estado casados durante varios años cuando decidieron empezar a tener familia. Su primera hija nació y la madre tuvo que estar sola con su hija varios meses mientras su esposo, que era miembro del ejército, estaba desplegado en el extranjero. Cuando nació su segundo hijo, tuvo una embolia de líquido amniótico. El bebé estaba bien pero la madre no. Perdió la vida. Su esposo decía que su entrenamiento militar lo había preparado para salvar la vida de las personas, pero no había podido salvarle la vida a su propia esposa. Se me llenaron los ojos de lágrimas.

La siguiente historia era sobre una pareja muy joven en una comunidad muy religiosa. Recibieron con gusto a su bebé, un niño muy sano, pero cuando llevaban a la mamá de regreso a su habitación para que se recuperara, tuvo un paro cardiaco. La salvaron, pero la embolia de líquido amniótico había interrumpido el flujo de oxígeno a su cerebro durante demasiado tiempo. Después de pasar muchos días en la Unidad de Cuidados Intensivos en una condición inestable, los médicos determinaron que permanecería en estado de coma el resto de su vida. Ahora su esposo se encarga de su esposa y del bebé en su casa, con la ayuda de la comunidad, la familia y la oración. Esto es algo que ningún esposo o padre de familia debería tener que hacer, y mucho menos siendo tan joven. Solo tiene 25 años de edad.

Al llegar a este punto en mi lectura, mi rostro estaba bañado en lágrimas. Había numerosas historias sobre casos de embolia de líquido amniótico y era muy doloroso leer los resultados. Había mujeres que habían corrido en maratones, madres primerizas, mujeres jóvenes, mujeres mayores, mujeres de raza negra, de raza blanca, hispanas, asiáticas, mujeres de India. Supe que la embolia de líquido amniótico no tiene nada que ver con la edad, la raza o el rango de edad que tiene una persona en relación a sus hermanos. Lo que leí confirmó que una embolia de líquido amniótico ocurre completamente al azar y que la diferencia entre sobrevivir o morir dependía del lugar donde estaba la persona y la rapidez con la que se le diagnosticaba.

Ahora mis lágrimas fluían más rápido. Una vez más, la culpa que yo sentía por haber sobrevivido se estaba volviendo una carga más pesada, y luego pensé en Jonathan y en lo doloroso que cualquiera de esos resultados habría sido para él.

No sé por qué, pero seguí adelante.

Otra pareja vivía la emoción de ser padres por primera vez. Un día, el esposo se fue a trabajar, se despidió de su esposa con un beso mientras ella se relajaba en un sillón; faltaban cuatro días para el nacimiento de su bebé. Cuando él regresó más tarde esa mañana para ver cómo estaba, ella todavía seguía en la misma posición. Al parecer se le rompió la fuente y sufrió una embolia de líquido amniótico; y tanto ella como su bebé nonato murieron ahí, en el sillón. Solos.

Devastador. Yo sollozaba y no pude detenerme por varios minutos. Cuando finalmente me calmé, decidí que estaba cansada de llorar. Me vi en el espejo y dije: «¿Qué derecho tengo de llorar cuando estas mujeres ya no pueden hablar?». Supe que tenía que hacer algo más.

Mi prima Sari empezó a investigar sobre la embolia de líquido amniótico y encontró la Fundación AFE y localizó a su fundadora, Miranda Klassen. Después de sufrir una embolia de líquido amniótico varios años antes, Miranda sintió un llamado a iniciar una fundación para ayudar a las familias que estaban en esa situación. Ella ayuda a los esposos a comprender lo que ha ocurrido, dirige a las familias hacia los recursos disponibles y les ofrece la guía y el apoyo que tanto necesitan. Lo más importante es que Miranda está investigando para encontrar una forma de diagnosticar la probabilidad de una embolia de líquido amniótico antes de que ocurra.

Sari llamó a Miranda y le dijo que cuando yo estuviera lista, me pondría en contacto con ella.

Mi prima se quedó conmigo varias semanas después de que salí del hospital, y hablábamos hasta altas horas de la noche, filosofando sobre lo que había ocurrido, repasando la historia de nuestra familia y comentando sobre la responsabilidad que yo tenía como sobreviviente. Yo no estaba completamente segura de lo que era esa responsabilidad, pero Sari sí lo estaba. Aunque yo sabía que las embolias de líquido amniótico son poco comunes, estaba escuchando más y más sobre ellas. Sari, que trabaja para un periódico, se preguntaba si en realidad eran poco comunes o si no se hablaba de ellas. Me dijo:

—Sé que en este momento estás débil, pero te vas a sentir más fuerte y podrás hablar. Necesitas usar tu voz y tu experiencia para ayudar a otras personas.

Muy bien, lo entendí. Estaba en el buen camino y me estaba fortaleciendo.

Ella y yo sentimos que era muy valioso hablar sobre la posibilidad impredecible de algo llamado embolia de líquido amniótico. En efecto, yo creía que otras personas se beneficiarían al conocer datos sobre la embolia de líquido amniótico, mis premoniciones y la forma en que había sobrevivido. Pensé que lo más importante era que las personas supieran sobre la Fundación AFE. Por lo tanto, siete meses después del parto, y al mismo tiempo después de mi muerte, estuve de acuerdo en que Sari hablara con un amigo de la CBS en Chicago y aceptaron mi historia. Todo el suceso catastrófico que había vivido se narró en 90 segundos. Me dio gusto darlo a conocer, pero nunca esperé lo que ocurriría después.

Yahoo lo tomó de la CBS como el artículo de portada la mañana siguiente y se volvió viral. Katie Couric mandó mensajes en Twitter sobre mi relato, al igual que Victoria Justice. Era yo una «tendencia». ¿Qué? Me invitaron a programas como *The Doctors, Good Morning America* y *Steve Harvey.* Y mi prima tenía razón. La embolia de líquido amniótico y la Fundación AFE llegaron a un primer plano y la gente quería saber más.

Días después, cuando el frenesí de los medios se redujo, yo no podía dejar de pensar sobre lo último que Steve Harvey me preguntó:

—¿Qué viste cuando moriste?

Le dije:

—No vi nada.

No vi una luz brillante. No vi familiares muertos. Nunca tuve la intención de inventar una respuesta. El hecho era que yo no recordaba nada. O al menos, eso era lo que pensaba.

Capítulo 12

LA TERAPIA QUE HABÍA RECIBIDO en los últimos meses fue positiva. Empezaba a sentir que estaba de nuevo entre los vivos. Pero sabía que necesitaba tratar de recordar lo que había pasado ese día en la sala de operaciones. Cuando le pregunté a la terapeuta sobre la posibilidad de regresar al momento en que morí, me respondió: «¿Por qué sientes la necesidad de regresar ahí? Es obvio que lo estás bloqueando porque fue traumático. Concentrémonos en algo más. No necesitas ir ahí para sanar».

Yo estaba funcionando bien, estaba sanando y estaba regresando a la rutina. Jonathan estaba completamente de acuerdo con la terapeuta en que yo no necesitaba recordar lo que había pasado cuando morí. Siempre me decía:

—¿Estás tratando de encontrar una respuesta que te ayude a ti o que ayude a otros?

—Ambas cosas —contesté.

Había yo perdido seis días de mi vida. Quería saber qué había ocurrido a mi alrededor y, lo que era más importante, dónde había estado durante esas 144 horas. Mi cuerpo había estado unido a las máquinas de la Unidad de Cuidados Intensivos, ¿pero dónde estaba yo? Esta pregunta no dejaba de molestarme. Tal vez había algo que podría recordar o tal vez no. Pero mientras tuviera yo preguntas que podrían tener respuestas, quería intentar responderlas.

Jonathan me preguntó:

—¿Qué tal si no hay nada qué averiguar y pasas a través de todo eso, abriendo una herida, solo para descubrir que ahí no hay nada?

Admití que el proceso me asustaba, pero no me preocupaba la posibilidad de que la terapia no funcionara. Lo único que quería era explorar estas preguntas buscando posibles respuestas. Si esto me llevaba a un callejón sin salida, no pasaba nada.

Empecé a investigar formas de terapia no tradicionales y encontré la regresión. Los terapeutas que usan la regresión recurren a la hipnosis para poner a la persona en un estado profundo de meditación y regresarla al momento de dolor. La meta de este tipo de psicoterapia es recuperar recuerdos de experiencias traumáticas y a través de la perspicacia y la liberación emocional, obtener alivio a nivel mental, físico y emocional. Esto parecía prometedor, nunca antes había escuchado hablar de este tipo de terapia, y Jonathan tampoco. No estaba segura de poder relajarme y ser hipnotizada, y mucho menos si podría permitir que alguien me guiara, pero sabía que debía intentarlo.

Por suerte, una amiga me había hablado de una terapeuta de regresión que había consultado antes en Miami; se llamaba Linda Burns. Quería hacerlo aunque Jonathan constantemente me decía:

—¿Por qué vas a hacer esto? Estamos bien, te estás fortaleciendo más y más, estás más saludable, no necesitamos una regresión.

Tal vez así se sentía en el tema de «nosotros», pero no me sentía así. Aún tenía una gran carga, y ahora no se debía a mi cuerpo o a mi mente. Venía de algo más... del mismo lugar donde antes había percibido cosas. Sentía que de alguna manera se me estaba guiando a hacer esto.

Le expliqué que la terapia tradicional no me podía ayudar a enfrentar todo lo que había pasado.

—No hubo nada tradicional en todo este sufrimiento —le dije—, ¿entonces, por qué podríamos pensar que la terapia tiene que ser tradicional?

Ya no pesaba mucho físicamente, pero sentía que algo muy pesado me estaba agobiando. Sentía que necesitaba al menos intentar dejar eso atrás y entender qué fue lo que me ayudó a ver el futuro. Ta vez podría hacerlo con la regresión.

Jonathan no estaba listo para reconocer que algo que no fuera una coincidencia y buena atención médica me hubiera salvado la vida. Pero él sabía que yo tenía otra opinión al respecto. Él no iba a interferir, pero tampoco iba a hacer que me fuera fácil compartir esta experiencia con él. Él quería que mi deseo de hacer esto desapareciera lo más pronto posible.

Yo estaba muy nerviosa la primera vez que tomé el teléfono y llamé a Linda para hacer una cita, pero cuando hablé con ella me tranquilicé de inmediato. Ella era cubana judía, como yo, y su leve acento e inflexión hacían que hablara como si fuera de mi familia. Eso me daba mucho consuelo. Su voz me recordaba la voz de mi abuela Ida. Consideré que eso era una señal de que esto era exactamente lo que yo necesitaba.

Concerté mi primera sesión con Linda y la grabé. Hice videos de nuestras sesiones porque no sabía lo que recordaría si en realidad estaba hipnotizada y quería compartir la información con tanta precisión como fuera posible.

Nunca antes me habían hipnotizado y no estaba segura de poder llegar a ese estado de relajación, pero estaba abierta a lo que sucediera después. Linda me explicó que la única limitación era mi mente. Probablemente era bueno que yo no hubiera investigado mucho sobre el tema de la terapia de hipnosis, ya que si lo hubiera hecho, habría llegado a la sesión con nociones preconcebidas; tal vez habría anticipado un resultado demasiado importante, o tal vez me hubiera decepcionado si no lograba resultados. No tenía expectativas y honestamente pensaba que saldría de ahí con las manos vacías.

En ese momento, Jonathan parecía estar menos preocupado por la terapeuta que por lo que yo encontraría en los lugares «desconocidos» que podría visitar durante la terapia de hipnosis. Era la primera vez que él pensaba desde una perspectiva espiritual, aunque él probablemente no estaba consciente de ello.

Después de conocer algunos antecedentes, Linda me pidió que me relajara y que tratara de entrar en un estado meditativo. Respiré profundamente y cerré los ojos. Lo que vi después me dejó boquiabierta.

De pronto estaba de regreso en la sala de operaciones, justo antes del procedimiento. Vi mi cuerpo en la plancha y a los médicos preparándose para la cirugía. Tenía la boca abierta pero no salían palabras de ella. Los médicos me estaban «revisando», me explicaban lo que estaban a punto de hacer y me preguntaban si lo entendía, pero yo no respondía.

Linda observaba mientras mi rostro empezaba a torcerse en un gesto de dolor. Me di cuenta de que estaba mirando una vez más el momento en que mi espíritu se separó de mi cuerpo. Ahí estaba yo, de pie junto a mi cuerpo, tratando de advertirles a todos los que estaban en la sala de operaciones que estaba a punto de morir.

> YO: *¿Me separé porque no quiero ver lo que está a punto de suceder?*
> LINDA: *¿No quieres ver que ellos te abren el vientre?*
> YO: Sí.
> LINDA: *¿Sientes que te están abriendo el vientre?*
> YO: *No. Solo es un cuerpo. No siento nada. Quiero alejarme de ahí. No puedo hacer nada. El bebé está saliendo, pero es demasiado doloroso, demasiado aterrador. Así que simplemente me separo. Me voy mientras ellos hacen su trabajo.*

Empecé a llorar con una sensación de angustia.

> **YO:** *Estoy esperando a mi esposo, quiero tomarlo de la mano, quiero estar con él, quiero estar en la sala de partos con mi hija, pero no quiero estar donde estoy.*

Sentí presión en el pecho.

> **LINDA:** *Así que empiezas a alejarte de ese momento, solo permítete estar ahí mientras te separas. ¿Cómo te sientes?*
> **YO:** *Hablo mucho con las personas antes de entrar a la sala de operaciones, les digo que no quiero estar ahí y que no quiero morir. Estas son las cosas en las que pienso, son premoniciones que estoy teniendo. Para cuando llego a la sala de operaciones, los médicos están a punto de iniciar la cirugía, no hay movimiento, no puedo salirme de ahí. Sin importar lo que yo diga, no puedo cambiar la circunstancia... No puedo moverme, así que solo me tranquilizo y me separo. Simplemente no quiero ver cómo me muero.*
> **LINDA:** *¿Así que eliges separarte? ¿Eliges alejarte más para no tener que estar ahí? Es comprensible. Y hay un lugar al que vas y que vendrá a ti. Así que ve al último momento que recuerdas que estabas ahí, justo antes de alejarte flotando, justo antes de separarte.*
> **YO:** *Estoy tan fría que me estoy congelando.*

Necesitaba detenerme. Esto era demasiado, era demasiado pronto. No esperaba que la terapeuta en realidad me hipnotizara en la primera sesión. Pensé que hablaríamos o tal vez que aprendería a hacer algunos ejercicios de respiración. Lo cierto es que no esperaba ver lo que vi. Todavía estaba llorando cuando Linda me sacó del estado hipnótico. Me preguntó si estaba bien y le respondí, profundamente impactada:

—Sí, yo no esperaba eso.

¿Qué había pasado? ¿Realmente había viajado en el tiempo regresando a la sala de operaciones? ¿Había almacenado toda esa experiencia en lo profundo de mi memoria y solo ahora tenía acceso a ella? ¿Lo estaba yo inventando, o realmente sucedió?

Linda empezó a hablar:

—Esto fue muy real, por supuesto. Cuando te pedí que regresaras al momento en que te separabas, ¿tuviste una sensación estática en tu cuerpo? ¿Fue una especie de… fue en su mayoría visual o sentiste algo?

—Estaba sintiendo un zumbido por todo mi cuerpo.

Ella me dijo que esa era una buena señal… una señal de que había llegado a un nivel profundo de meditación.

Mi miedo empezó a desvanecerse y empecé a sentirme emocionada. Yo era como una esponja. Quería entender todo; le expliqué a Linda con mayor claridad lo que vi cuando estaba hipnotizada. Vi a mi hija Adina.

LINDA: ¿Estaba ella en la sala?

YO: No, estaba en el corredor.

LINDA: Entonces, ¿qué viste cuando te separaste?

YO: Yo estaba sobre mi cuerpo, pero estaba a un lado de él. Estaba a mi izquierda. Recuerdo que ahí había un electrocardiograma. Yo no estaba parada en el suelo cerca de mi cuerpo.

LINDA: ¿Viste a alguien en la sala?

YO: Alguien estaba de pie a mi izquierda, cerca de la cortina. No sé quién era esa persona. Tenía el cabello oscuro. Pudo haber sido Nicole, pudo haber sido la anestesióloga.

LINDA: ¿Qué más viste o sentiste?

YO: Recuerdo que sentí presión, el jabón en mi piel. Recuerdo que todos los médicos veían el reloj, pero también recuerdo que solo había una mujer de pie a mi izquierda.

LINDA: ¿Quién era?

YO: Me pregunto si no era mi abuela. ¡Vaya!

Estaba en *shock*. ¿Mi abuela Ida había estado ahí? Había muerto hacía más de 30 años.

En ese momento me convencí de que no había estado sola, antes o durante todo el incidente. Mis gritos pidiendo ayuda habían sido escuchados… pero no por alguien de este mundo.

YO: ¿Podemos tomar un descanso por hoy? Estoy exhausta.

LINDA: Me gustó que hayas tenido una catarsis.

Yo estaba tratando de procesar lo que había visto y sentido. Y entonces, finalmente lo entendí.

> **YO:** Ellos en realidad me advirtieron con anticipación. En realidad me dieron las herramientas para poder encontrar a las personas que me ayudaran a prepararme para esto.
> **LINDA:** Tú ayudaste a salvar tu vida. *Ellos* te ayudaron a salvar tu vida.

Ellos me habían estado guiando. Ellos habían estado cerca de mí. Yo no estaba segura de quiénes eran «ellos», pero sabía que uno de ellos era mi abuela. De inmediato sentí alivio y sentí miedo. También sentí que estaba loca. El lado lógico de mi cerebro seguía rechazando lo que yo había visto. Le pregunté a Linda:

—¿Qué pasaría si esto no es real? ¿Qué pasaría si es un invento de mi cabeza?

Linda no se desconcertó con estas preguntas, lo que me fue difícil entender. Desde mi punto de vista, provocaron sentimientos que me fue muy difícil aceptar. Además, yo tenía más preguntas al salir de la sesión que las que tenía antes de entrar en ella. ¿En qué me había metido?

Agotada y desconcertada, me despedí de Linda. ¿Cómo le iba a explicar esto a Jonathan?

Capítulo 13

TODOS LOS MESES DE TERAPIA tradicional no hicieron que me sintiera tan bien como me sentí con esta sesión de regresión. Quería decirle todo a Jonathan, pero no sabía cómo hacerlo. Me era difícil expresarlo en palabras, así que solo le pedí que se sentara frente a mi computadora y puse el video. Después de verlo durante dos minutos, él cerró la computadora y dijo que ya no quería ver más. Dijo que no soportaría verme sufrir y reiteró que se oponía a lo que yo estaba haciendo.

—¡Necesitas dejarlo! —dijo y se fue.

Esperaba una reacción diferente, pero supongo que su reacción no me sorprendió. Jonathan trabaja con ecuaciones, probabilidades y estadísticas, y es un testigo experto que testifica en casos en los que la gente confía en que él les dará los hechos y en que será realista y honesto. Por esa razón, se creó un distanciamiento entre los procesos de pensamiento de mi esposo y sus intentos por justificar cómo y por qué había yo sobrevivido. Él prefería no pensar en eso.

Además, el hecho en sí lo había aterrorizado, y ahora la terapia de regresión hacía que se sintiera aún más incómodo y atemorizado. En el video, me vio sufrir mucho, tanto en lo físico como en lo emocional, pero yo también me preguntaba si su reacción se debía a que esa fue la primera vez que él vio lo que había pasado en la sala de operaciones. Él no había estado en la sala de operaciones cuando morí, y ahora lo estaba viendo mientras yo volvía a vivirlo.

Me suplicó que dejara la terapia. Me dijo:

—Esto es demasiado doloroso.

Entendí. También era doloroso para mí, pero le expliqué que tenía más miedo de lo que pasaría si guardaba todo ese dolor en mi interior. Yo no quería pasar por mi vida temiendo pasar frente a un hospital o enfrentar cualquier situación que desencadenara en mí un trastorno de estrés agudo. Quería liberarme del dolor, y ahora estaba convencida de que esta era la manera de aprender a enfrentarlo. Jonathan venía de una familia de intelectuales que no solía mostrar sus emociones en público. Él entendía lógicamente lo que yo le decía, pero el miedo que reflejaban sus ojos me decía otra cosa. Finalmente le pregunté:

—¿Tienes miedo por mí o por ti?

—No lo sé —me respondió con candidez.

Jonathan dijo que podía verse a sí mismo experimentando dolor y torturas un millón de veces, pero no soportaba verme sufrir a mí ni por un minuto. Continuó:

—No entiendo nada de estas cosas espirituales, y no puedo entender cómo el recordar estos momentos puede ayudarte. Solo veo que te está haciendo sufrir.

Lo entendí. Lo sabía, pero por el momento necesitaba seguir adelante sin compartir con él cada detalle. Él no estaba listo para escuchar detalles, y yo no sabía si en algún momento lo estaría, pero sabía que no debía detenerme.

LA SEMANA SIGUIENTE tuve que regresar a la sala de operaciones para que el cirujano se encargara de las hernias que se habían producido en el tejido de las cicatrices. Se conocen como hernias tipo queso suizo: el tejido de las cicatrices empieza a separarse y a crear orificios. El peligro está en que el intestino salga por esos orificios y se necesite una cirugía de emergencia. Afortunadamente, mis médicos descubrieron las hernias antes de que llegaran a ese punto.

Le dije a Linda que más que tener regresiones quería trabajar con ejercicios de meditación que me mantuvieran tranquila cuando me sometiera a la cirugía. Temía tener otro ataque cardiaco durante el procedimiento y mi deseo era intentar superar ese miedo. También suspendí la regresión por el momento porque un médico amigo mío me dijo que puede ser más difícil salir de la anestesia una vez que has visto ese «otro» mundo; la búsqueda de respuestas puede hacer que permanezcas en ese estado de iluminación por más tiempo del necesario. Entendí.

Mientras Linda me enseñaba cómo respirar al enfrentar momentos de dolor y miedo, hablamos sobre la intuición por horas. Le confié mis experiencias relacionadas con la intuición en el pasado; experiencias que yo había tomado como coincidencias. Ahora estaba segura de que no lo eran. Yo sabía que, con la ayuda de Linda, llegaría a entender mejor mis intuiciones y cómo había podido sentir cosas sobre otras personas antes de que ocurrieran. Lo más importante era que sabría cómo había podido ver mi propio futuro.

Le hablé de mi última conversación con el tío Marvin y le dije que supe que esa era la última vez que lo vería. Le hablé del dolor de corazón que había sentido cuando la abuela Ida tuvo un ataque cardiaco a 2500 kilómetros de distancia. Ella me dijo que muchas personas tienen una intuición altamente desarrollada y que la intuición es la forma en que el alma se conecta con las almas de otras personas.

—Todos pueden hacerlo —me explicó—. Solo se necesita práctica. Al parecer tu intuición es un don.

Yo deseaba desesperadamente saber más, y tan rápido como fuera posible, pero le había prometido a Jonathan que no me sometería a la hipnosis sino hasta que estuviera en una zona más segura, después de la cirugía.

Llegó el día de la cirugía. Después de meditar y hacer los ejercicios de respiración, sentí una calma que no había sentido cuando me sometí a la primera cirugía. Jonathan estaba ahí, mi mamá viajó para estar conmigo y también llegaron mis amistades. Algunos de mis médicos también se presentaron, aunque no participarían en la cirugía. Yo estaba escuchando «Happy», de Pharrell Williams, y estaba lista. Todos los demás estaban nerviosos, pero los miré y dije:

—No tengo premoniciones sobre esta cirugía. Será muy sencilla —y lo fue.

Ocho horas después regresé a casa.

Mis sesiones con Linda continuaron, y regresé a la terapia de hipnosis con todo vigor. Pero ahora no estaba funcionando. Estaba pensando demasiado. Cada vez que llegaba al punto en que la cirugía iba a comenzar, empezaba a hiperventilar y sentía un dolor en el pecho. Linda tenía que sacarme del estado de hipnosis. Estaba bloqueada y ahora estaba empezando a entender los temores de Jonathan.

En una ocasión, sentí un fuerte dolor en el estómago, un dolor agudo. No sabía si en la terapia estaba regresando a los momentos de la primera cirugía o si se trataba del dolor de la cirugía reciente. Me sentí algo incómoda. No quería dar un paso atrás en mi recuperación física. Sabía que seguir adelante con esta terapia era lo correcto, era lo que tenía que hacer, pero también sabía que tenía que avanzar con cuidado.

Durante la siguiente sesión, Linda me hizo sentir lo bastante segura para regresar a ese día. Seguimos con la regresión y yo trataba de entender lo que estaba viendo.

Al inicio de una sesión, antes de entrar en hipnosis, le pedí a Linda que me ayudara a entender.

> **YO:** Una cosa es ver la película unidimensional mientras la explicas, pero de pronto, gracias a tu trabajo, veo cosas en tres dimensiones. Son muy vastas. Tardaría toda una vida en entenderlas. Supongo que simplemente tengo que aceptar esto.
> **LINDA:** ¿Qué tienes que aceptar?
> **YO:** Tengo que aceptar que esas visiones solo fueron eso, porque si las analizo y digo: «Muy bien, ¿cómo es eso posible?», diré que «es una imposibilidad». Simplemente tengo que aceptarlo, tener una fe ciega en Hashem (D-os). Tengo que aceptarlo. ¿Pero el milagro que ocurrió conmigo, fue un milagro que vino de la mano de D-os? ¿Los ángeles estuvieron ahí para ayudarme?

Linda no respondió. Creo que deseaba que yo llegara a mis propias conclusiones. Así que pasamos a la hipnosis. Tal vez tendría yo respuestas más claras teniendo los ojos cerrados.

> ***LINDA:*** ¿Qué sientes cuando te separas?
> ***YO:*** *Literalmente siento que me desgarro y me salgo de mi cuerpo. Estoy de pie junto a la unidad de electrocardiogramas. Cerca de mí, al otro lado, está Grace Lim, la única doctora que marcó mi expediente señalando que necesitaba atención urgente.*

Le expliqué que en realidad no estaba de pie, estaba flotando varios centímetros sobre el suelo. Luego, asombrosamente, salí flotando de la sala de operaciones hacia los corredores de la parte trasera y vi a Adina con Tessie en la sala de partos. Adina estaba jugando con el aparato para medir la presión arterial, y Tessie trataba de hacer que se sentara y escuchara un cuento. Adina cantaba y bailaba por todas partes; fingía ser el doctor McStuffins. Eso me hizo reír, pero luego me sentí triste y nerviosa. Tenía que volver a la sala de operaciones para ver cómo estaba «yo».

Esperaba que el horror que estaba a punto de ocurrir en mi cuerpo terminara, pero regresé demasiado pronto. Mi cuerpo lánguido, con los ojos abiertos, todavía estaba en la mesa de operaciones esperando que los médicos comenzaran con la operación. Pude ver que mi espíritu no estaba pisando el suelo y podía sentirlo. Se sentía como si fuera tan ligero como una pluma. En realidad, mi espíritu estaba flotando y yo sabía que mi espíritu no estaba en mi cuerpo.

Cuando veía mi cuerpo en la mesa de operaciones, sentía lo contrario. Podía sentir la pesadez de mi cuerpo sobre la mesa de operaciones, mientras la vida salía de él. Mi cuerpo simplemente estaba muriendo. Mi espíritu estaba cerca del aparato que se usa para tomar la presión escuchando los últimos latidos de mi corazón antes de morir. Mi espíritu estaba entre el aparato para tomar la presión y la doctora Grace Lim. Mi abuela Ida también estaba ahí, acariciaba mi muslo izquierdo y me decía que todo estaría bien.

Linda me preguntó cómo se sentía estar fuera del cuerpo. Le dije que me sentía muy ligera y que podía moverme de un lugar a otro a la velocidad de un relámpago. Me preguntó si esa era la primera vez que había yo tenido una experiencia fuera del cuerpo. Le dije que sí y luego ella me dijo: «Siento que se está abriendo el telón y podrás ver lo que hay detrás». Me preguntó si lo creía.

> **YO:** Sí, pero tengo la sensación de que tal vez hay otra cosa que lo podría explicar.

Todavía era difícil para mí aceptar plenamente lo que la hipnosis me estaba mostrando. Pero estaba viendo cosas que no habría podido saber de otra manera y que estaba viendo con mayor claridad lo que me había pasado en esos momentos. Linda me preguntó cómo me sentía ante la posibilidad de volver a entrar. Le dije que me emocionaba mucho pero que también tenía miedo de volver a sentir dolor.

> **LINDA:** No sé si necesitas sentirlo. Si es demasiado, puedes alejarte. Eso significa que te mueves hacia atrás y observas. No estás en tu cuerpo.
> **YO:** Todavía no sé cómo hacer eso.

Aunque había visto cómo me había separado de mi cuerpo en esa primera sesión de terapia, no estaba segura de cómo podía obligarme a alejarme otra vez de lo que estaba viendo.

—Por eso estás practicando —me dijo Linda—. No eres la primera persona, eres la segunda persona. No te está pasando a ti, le está pasando a otra persona.

Me dijo que viera lo que estaba viendo como si estuviera viendo una película sobre otra persona. Me dijo que fuera un espectador o alguien que observaba. Cerré los ojos.

> **LINDA:** *Si todavía no lo has hecho, ve al hospital y ponte junto a ella. Entiende que no estás ahí para ayudar. Esto ya le pasó a una parte de ti. La otra parte de ti está ahí para ayudarle.*
> **YO:** *Así que solo estoy ahí acariciándole la mano, diciéndole lo que los demás están haciendo. Le digo: «Sé que tienes miedo y que Jonathan no está aquí. Pero estoy aquí para ti y te escucho. Te estoy escuchando. Es muy real. Voy a estar aquí todo el tiempo para ayudarte a superar esto».*
> **LINDA:** *¿Qué más sabes sobre ella?*
> **YO:** *Su corazón está latiendo con rapidez y la enfermera le está diciendo que se calme... que eso no es bueno para el bebé, que ella no quiere poner en peligro al bebé, así que debe calmarse.*
> **LINDA:** *¿Entonces ella ve a todos haciendo lo que están haciendo? ¿Qué más sucede en su interior?*
> **YO:** *El bebé casi está listo. Solo se mueve, patea. Ella no puede mover los brazos ni las piernas. Está temblando de frío. Le preguntan si necesita más cobijas.*

Le dije a Linda que estaba tratando de tomarla de la mano.

> **YO**: *Ella no puede apretar mi mano pero siente la presión de la mía. Está llorando, me dice que no se quiere morir. Está enojada por estar en esta posición. No quiere tener al bebé.*
>
> **LINDA**: *¿No quiere tener al bebé?*
>
> **YO**: *No.*
>
> **LINDA**: *¿Por qué…?*
>
> **YO**: *Por la forma en que se siente. No quiere morir, y está enojada por haber pasado por el proceso de embarazarse ya que si no lo hubiera hecho, pudo haber evitado esto. Le tiene miedo a ese niño. Le tiene miedo al bebé porque él le va a quitar la vida, y también se odia a sí misma por sentirse así porque el bebé es inocente. Desea amarlo, pero no lo ama.*
>
> **LINDA**: *¿Qué más pasa ahora? ¿Qué necesitas hacer ahora?*
>
> **YO**: *Solo tengo que seguir hablándole suavemente al oído, decirle lo que va a suceder, paso a paso, de modo que cuando sienta presión, cuando sienta que baja el yodo, sepa qué está sucediendo. Anticipar las cosas es peor que saberlas momento a momento, así que estoy ahí para decirle, cuadro por cuadro, lo que está sucediendo.*
>
> **LINDA**: *¿Así que puedes ver lo que está sucediendo mientras estás cerca de ella?*

YO: Soy sus ojos y sus oídos porque ella se está desconectando. Es difícil porque nadie le está prestando atención, ya que se están concentrando en su trabajo, pero no prestan atención a sus temores. Solo ven las cifras y están atentos a lo que tienen que hacer.
LINDA: Entonces, debe ser muy difícil que la gente no le preste atención, en un momento tan difícil de su vida... ¿Qué está sucediendo ahora?

Era irreal creer que yo estaba ahí de pie observando lo que estaba a punto de sucederme. Sentía que deseaba proteger mi cuerpo que yacía en la mesa de operaciones e impedir que los médicos llevaran a cabo el procedimiento que me quitaría la vida, pero no podía hacerlo. Linda me dijo que fuera su guía, así que empecé a decirle a la «yo» que estaba en la mesa de operaciones lo que los demás iban a hacer. Le recordé que ella iba a estar bien y que eso era lo único que ella necesitaba saber para salir de esto. Le prometí, le aseguré, que iba a estar bien. Nadie más en esa sala podía hacer eso por ella.

YO: Una enfermera está revisando el instrumental para asegurarse de tener ahí todo lo necesario. Un médico le está diciendo a otro algo que no puedo escuchar bien. Hay mucha actividad a mi alrededor. Dicen: «Paciente: Arnold, Stephanie. Mujer de 41 años de edad. Placenta previa completa. Sangre disponible. O negativo». Dijeron algo sobre tener son-

> *das intravenosas adicionales. Ritmo cardiaco. Pulso. Dan las cifras. No las puedo escuchar. ¿Qué hora es? No lo sé. Y luego los médicos pasan lista. «Doctora Julie Levitt, ginecóloga obstetra. Doctora Nicole Higgins, anestesióloga».*

Describí cómo cubrieron mi vientre con jabón y dije dónde estaban parados todos. Entonces observé mientras comenzaban con la cesárea.

> **YO:** *No siento nada. La doctora Higgins está al pie de la mesa de operaciones, lo que es extraño ya que ella controla mi respiración. Debería estar en la cabecera, no al final, pero por alguna razón está allá... veo que abren el tejido conectivo, los músculos. Lo veo, pero no hay dolor. Le digo a Stephanie, que está en la mesa quirúrgica: «Vas a estar bien. Vas a salir de todo esto».*

Vi salir a Jacob, y estaba bien, y luego, cuando iban a sacar la placenta, yo sabía lo que iba a suceder. Sabía que tenía que advertirme que estaba a punto de morir. Levanté la vista y vi lo que solo puedo describir como mi espíritu, tenía una mano sobre el aparato para tomar la presión arterial. *Tap, tap, tap.* Su dedo se movía siguiendo mi ritmo cardiaco. *Tap, tap, tap.* Era cada vez más fuerte. Era casi como una cuenta regresiva.

> **YO:** *Le explico a Stephanie: «Va a suceder muy rápido, y voy a protegerte, te voy a abrazar, no voy a soltarte».*

El momento fue aterrador. Empecé a llorar pues sentí ese dolor una vez más. Mientras le decía esto a Linda, algo hizo que los músculos de mi pecho se contrajeran como si se me dificultara respirar. Me di cuenta de que estaba sintiendo el momento de mi muerte. *Tap, tap, tap.* Veía cómo el dedo de mi espíritu se movía más lentamente hasta llegar al último *TAP,* y escuché el sonido del monitor en el momento de mi muerte. Miré hacia la mesa de operaciones y vi cómo mis ojos se quedaban en blanco.

> **YO:** *Oigo que gritan. Dicen: «¡Stephanie, Stephanie, Stephanie!», y Nicole corre a la cabecera. «Se está po niendo azul», dice y el aparato para tomar la presión ya no responde; fue mi fin. Mi cuerpo se colapsa. Escucho que dicen: «Aprieta el botón. Pon el código. Aprieta al botón».* (Empiezo a sollozar). *Oprimen el botón y parece que 40 médicos y enfermeras entran a toda velocidad y dicen: «Traigan el carro de equipo médico para emergencias». Van por él.*

Tuve que soltar la mano de Stephanie cuando una de las enfermeras, que era muy corpulenta y fuerte, me empujó y me alejó para empezar a darle compresiones. Julie repetía sin cesar: «Esto no puede estar sucediendo, esto no puede estar sucediendo». Nicole dijo: «Es una embolia de líquido amniótico, es lo único que puede causar esto. Tiene un paro cardiaco».

Pude ver un destello extraño pero estaba más concentrada en el caos, que estaba en todo su apogeo. Observé horrorizada cómo trabajaban conmigo. En ese momento era muy difícil ser solo una observadora. No solo veía lo que estaba sucediendo, sino que también podía sentirlo. Eran dos perspectivas diferentes.

Al mismo tiempo me di cuenta de que nadie en la sala de operaciones me estaba hablando a mí. Me trataban como un experimento científico que había perdido su actividad eléctrica. Todos estaban haciendo su trabajo, pero no se daban cuenta de que yo necesitaba saber qué estaba sucediendo.

Observé que Julie estaba paralizada, en *shock*. Vi cómo Nicole introducía un tubo por mi garganta para que pudiera volver a respirar. Sentía ganas de vomitar. Miré la cesárea, estaba sangrando. Sentí que jalaban mi brazo para ponerme otra sonda intravenosa y escuché que pedían otra bolsa de sangre. Me abrieron el costado para introducir otro tubo. La sangre que me estaban poniendo salía de mí segundos después. Me sentía cada vez más ligera.

Observé cada detalle mientras me volvían a dar vida. Pude ver mi sangre en el rostro de Julie cuando ella se limpiaba la frente. Pude escuchar a Nicole hablando muy fuerte para pedir varios medicamentos.

En ese momento me di cuenta de que mi espíritu ya no estaba en la sala de operaciones y entendí lo que había sido ese destello. Había visto cómo mi espíritu se elevó al cielo en el momento de mi muerte.

Vínculo total: después de un principio difícil en nuestra relación, llegué a ser la madre de Jacob en toda la extensión de la palabra.

FOTOGRAFÍA DE LORI ALLEN

Capítulo 14

¿CÓMO ERA POSIBLE REGRESAR a la sala de operaciones y verlo todo? ¿Realmente había estado Nicole a los pies de la mesa de operaciones y no donde se suponía que tenía que estar? ¿Julie se quedó paralizada? ¿Tenía validez lo que yo había visto?

Yo no dejaba de luchar con estas preguntas. Tal vez todo podría explicarse diciendo que una parte de mí que pudo aceptarlo almacenó esta información en mi cerebro donde el resto de mí no podía verlo. Pero entonces llegaba otra pregunta: cuando floté hacia el corredor y vi a Adina y a Tessie jugando, ¿cómo podía saber lo que estaba pasando ahí? ¿Estaba yo en lo correcto?

Mientras luchaba para procesar todo lo que había ocurrido durante esa sesión de regresión, empecé a pensar en todo lo demás que había visto en la sala de operaciones. Había visto a Julie a los pies de la mesa, pero no me estaba atendiendo cuando iba a nacer mi bebé. Había visto que otro médico sacaba a Jacob. Era alguien que me parecía familiar, lo cual era extraño. Y si alguien había puesto una cortina para que yo no pudiera ver cómo hacían la cesárea, ¿por qué podía ver a través de ella y notar lo que estaba pasando cerca de mis pies? También pude ver a este otro médico. No tenía sentido.

¿Estaba yo inventando esto, o en realidad lo pude ver todo? La única forma de estar segura era hablar con mis médicos y con Tessie. Pero lo primero que hice fue buscar a Jonathan. Le pregunté si fue otro médico el que hizo la cesárea. Él dijo que nunca le dijeron eso. Dijo que cuando Julie salió de la sala de operaciones cubierta de sangre, le explicó lo que había pasado pero no dijo que otro médico hubiera hecho la cesárea. Jonathan simplemente suponía que la había hecho ella.

Yo había evitado, intencionalmente, leer mis registros médicos y escuchar lo que decían mis médicos sobre lo que había pasado en la sala de operaciones. No creía tener la fuerza necesaria para leerlos o escucharlos, pero además tenía otra razón. No quería saber demasiado antes de comenzar con la terapia de regresión. No quería que nada interfiriera con mis recuerdos. Necesitaba encontrar pruebas de otra manera.

Le mandé un mensaje a Nicole, y ella estuvo de acuerdo en tener una videoconferencia conmigo. Mi plan era ponerle el video de mi última sesión y grabar su respuesta. Le pedí a Jonathan que estuviera conmigo en ese momento. Él estaba ansioso de escuchar la versión de Nicole de lo que había pasado en realidad.

Yo estaba nerviosa. Me resistía a ver la sesión de la terapia de regresión. Casi deseaba mostrarle simplemente a Nicole una breve sección de ella, no todo el video, pero Jonathan me dijo que necesitaba mostrarle todo el video para obtener su reacción completa. Iniciamos la videoconferencia y le mostré el video. Jonathan no quería verlo, y yo tuve que alejarme. Me fui al baño, tuve un colapso y vomité.

Jonathan fue al baño a buscarme. Me levantó y me limpió las lágrimas; después me dijo:

—Ven, regresemos a ver lo que ella piensa. Estoy aquí por si me necesitas.

Nicole estaba en silencio. Tenía lágrimas en los ojos. Me dijo:

—Al verte, estuve de nuevo en la sala de operaciones el día en que sucedió todo. Me llevaste de regreso a ese momento. Eso revivió mis recuerdos. Fue difícil para mí verlo. Recuerdo lo que estaba sintiendo entonces, y tú me hiciste regresar allá. Soy un poco escéptica.

Se me cayó el alma a los pies, pero yo sabía que necesitaba escuchar la verdad y no lo que yo había percibido como la verdad. Si Nicole me decía que nada de lo que yo había visto era cierto, cerraría ese ciclo. También sabría que la terapia estaba funcionando y aliviando el estrés que sentía. Al menos ahora tendría una respuesta.

—Es obvio que estás angustiada —me dijo—. Es difícil ver esto. ¿Fue difícil para ti verlo?

—Tuve que alejarme, así que, en efecto, fue difícil —respondí.

Nicole dijo que ella no recordaba algunas de las cosas que dije, pero que sí recordaba otras.

—Una parte de mí es un poco escéptica. La parte científica de mí dice que estabas anestesiada. No tenías presión sanguínea ni circulación. ¿Cómo pudiste recordar todo esto?

¿Estaba diciendo que ella creía que lo que dije en mi terapia era verdad?

—Una parte de mí está desconcertada, ya que esto cuestionaría todo lo que pensamos en el campo de la medicina y lo que pensamos que sucede. Pero otra parte de mí piensa que es asombroso.

Yo no quería escuchar nada más. Pensé que ella podría cambiar de opinión y descartarlo todo.

—¿Sabes?, yo también estaba tensa —dijo—, no tanto como tú, pero esto también me causa algo de ansiedad —continuó—: La parte escéptica de mí se relaciona con mucho de lo que sé de medicina, o mejor dicho, con lo que creemos que sabemos sobre medicina. No te anestesiamos. Estabas inconsciente y no tenías presión sanguínea. Me refiero a que supongo que es posible que definitivamente hayas tenido una impresión sensorial de lo que ocurrió en ese momento. Pensamos en esto y creemos que si no tienes presión sanguínea y la sangre no llega a tu cerebro, ¿cómo podrías percibir lo que está ocurriendo? ¡Pero quiero decirte que supongo que es posible percibirlo!

Eso estuvo bien. Lo que Nicole estaba diciendo le daría a Jonathan una posible razón científica para una parte de esto, aunque no para todo. Le pregunté dónde había estado ella. Me dijo:

—Al pie de la mesa de operaciones.

—¿Por qué? —pregunté.

Me dijo que fue al pie de la mesa de operaciones porque había otros médicos en la cabecera y ella quería tener una mejor visión de lo que ocurría. Le pedí que me dijera si la percepción sensorial a la que se refería incluía la vista, pues yo había visto todo lo que pasaba a mi alrededor aunque mis ojos estaban cerrados.

—Tal vez no —me dijo. Sin embargo, ofreció otra explicación—: simplemente no sé cómo explicar esto.

Le grité a Jonathan cuando terminé la llamada. Seguramente tendría que creer en esto ahora. Me dijo:

—Vaya, es increíble. ¿Estás segura de que nunca escuchaste a Nicole decir nada de lo que viste antes de tu sesión?

Bueno, ahora era yo la que estaba enojada.

De inmediato llamé a Grace para tener una videoconferencia con ella y le hice miles de preguntas. ¿Por qué había sentido que tenía que quedarse en la sala de operaciones? ¿Qué sentimientos había tenido hacia mí ese día? ¿Cómo se sentía ahora que el tiempo había pasado y ella había tenido tiempo de eliminar la tensión?

Al responderme, fue muy reservada y no mostró emociones; solo me dijo que sintió que necesitaba estar en la sala de operaciones ese día. Poco después estábamos involucradas en una conversación profunda. Yo estaba esperando el momento adecuado de mostrarle el video. Sabía que llegaría.

Le dije que en mi sesión había percibido algunas cosas sobre lo que ocurrió en la sala de operaciones. Le dije que había visto que ella estaba cerca del aparato para tomar la presión sanguínea, y luego le expliqué que mi espíritu estaba cerca de ella. Entonces lo entendí: mi espíritu estaba cerca de Grace, y solo cerca de Grace, ese día porque ella había sido la única con la que yo sentía un vínculo desde el principio. Ella sabía que algo iba a pasar, al igual que yo. Todos los demás estaban haciendo su trabajo como si nada fuera a pasar. Pero Grace y yo sabíamos algo más. Yo me había sentido segura con ella y sabía que estaría conmigo cuando la necesitara.

Una vez más, su respuesta fue cautelosa:

—Todo es posible. Estas cosas no me asustan. Estoy abierta a ellas.

Y entonces confirmó que sí estaba exactamente donde yo había dicho.

En los últimos cinco minutos de la llamada, me explicó que lo que me había pasado no fue lo que ella podía describir como un ataque, más bien había sido dificultad para respirar, como un jadeo o un vómito. Decidí mostrarle la parte del video donde se veía el momento en que había tenido el «ataque». Cuando lo vio, su rostro impasible de doctora cambió. Sus labios empezaron a fruncirse, se le llenaron los ojos de lágrimas y se veía un poco incómoda. Cuando pasó el momento clave, apagué el video y le pregunté:

—¿Fue así?

—Fue exactamente así —me respondió.

Las respuestas de estas dos doctoras solo fortalecieron mi seguridad de que lo que había visto en la regresión era real, pero seguí tratando de conseguir más pruebas que lo confirmaran. Supongo que no quería perder el hilo para desentrañar la nueva información que estaba recibiendo.

Le pregunté a Tessie cuánto tiempo había estado en la sala de partos con Adina. Me confirmó que Adina había estado jugando con el aparato para tomar la presión sanguínea y que fingió que era el doctor McStuffins. Me preguntó cómo me había enterado de eso y si también había visto cuando estuvo bailando en esa sala.

—No —le dije—, debo haberme ido antes de que empezara la fiesta.

Al final, hice arreglos para verme con Julie a la hora de comer. Le mostré el video y empezó a llorar. Cuando terminó, ella habló con voz temblorosa pero con una claridad increíble.

—Es exacto en lo relativo al lugar donde estaba Nicole y donde estaba yo. Eso fue exactamente lo que pasó, lo describiste en detalle, hablaste de la sangre que brotaba; no te pude cerrar de inmediato, drenamos la sangre y tuvimos que esperar en la sala de operaciones.

Le pregunté si había dicho: «Esto no puede estar sucediendo, esto no puede estar sucediendo».

—No sé si lo dije en voz alta o mentalmente —respondió—, pero definitivamente lo dije.

También corroboró el hecho de haberse quedado paralizada. Me explicó que además de estar en *shock*, tenía que esperar a que Nicole me hiciera reaccionar, antes de poder hacer su trabajo y cerrarme. Así que solo se quedó ahí de pie. Pero una enfermera le había dicho que podía hacer algo mientras esperaba. Podía volver a poner mi útero en mi cuerpo. Eso la hizo reaccionar.

Luego Julie me causó un fuerte impacto cuando dio un paso más y reconoció que mis descripciones de lo que había pasado ese día estaban muy por encima de una explicación científica.

—No era posible que tuvieras la capacidad de describir eso con tanto detalle —me dijo—, a menos que estuvieras presente en espíritu y que tu cuerpo estuviera en la mesa de operaciones. No hay otra forma.

Al final, le hice la pregunta que, más que ninguna otra, era definitiva para mí. ¿Fue ella la que me hizo la cesárea? Contuve el aliento.

—No —respondió.

Capítulo 15

LA CONFIRMACIÓN DE JULIE de que otro médico me había hecho la cesárea, dio solidez a mi sensación de que «yo había estado ahí». Había visto lo que sucedió en la sala de operaciones. Había regresado ahí. Pero todavía estaba un poco confundida pues no sabía si se trataba de recuerdos reprimidos, si todo era producto de mi imaginación, o si se trataba de otro tipo de experiencia etérea.

Traté de analizarlo. Si estaba imaginando lo que vi, ¿cómo podían confirmarlo las doctoras? Si tenía acceso a un recuerdo reprimido, ¿cómo podía haber visto a través de la cortina que bloqueaba mi visión y no me permitía ver mis pies, ya que pude ver que Julie no me hizo la cesárea sino que fue otro médico? Eso me dejó con una sola respuesta. Había sido una experiencia etérea.

No fue necesario hacer más preguntas sobre lo que había pasado en la sala de operaciones. Estaba lista para seguir adelante. Jonathan sintió alivio al saberlo, pero su alivio no duró mucho pues dije en voz alta:

—Si pude ver la sala de operaciones, ¿sería posible que viera más? ¿Estuve presente los seis días que estuve en coma? —A Jonathan no le agradó escuchar eso. Yo reanudé las regresiones.

Llegar a un estado de hipnosis era fácil pues Linda me guiaba suavemente. No tardé mucho. De pronto estaba en mi habitación en la Unidad de Cuidados Intensivos, viendo a Jonathan.

> **YO:** *Lo veo sentado junto a mí. Lo veo tomándome de la mano. Lo veo susurrando algo en mi oído, me dice que me ama y que tengo que superar esto. Dice: «No puedo vivir sin ti. Tienes que superar esto». Me está acariciando el cabello.*
> **LINDA:** *¿Dónde estás?*
> **YO:** *Sobre su hombro derecho.*
> **LINDA:** *¿Estás fuera de tu cuerpo en el hospital?*
> **YO:** *Sí.*

En el lapso de las siguientes horas, describí cómo había flotado hasta la sala de maternidad a ver a Jacob. Le dije a Linda que vi a mi cuñado Roy y a Jonathan acompañando a mi mamá a mi habitación del hospital.

> **LINDA:** *¿Puedes sentir su dolor?*
> **YO:** *Puedo sentir su dolor.*
> **LINDA:** *¿Ves lo que ella ve?*
> **YO:** *Sí. Es la primera vez en mi vida que en realidad siento que ella siente dolor por mí en lugar de sen-*

tir su propio dolor por sus propios problemas. Es un dolor genuino. Parece que va a vomitar. Tiene una cangurera en la cintura aunque parece que pesa más que ella.

Entonces mi visión cambió.

YO: *Ahora todo es blanco.*
LINDA: *Permítete estar en los rayos de luz. Permítete rendirte ante esta luz.*
YO: *Solo se siente cómoda, cálida, agradable.*
LINDA: *¿Todavía estás en la luz?*
YO: *Está empezando a desvanecerse. Estoy regresando al hospital.*

Tomé otro rumbo y vi a mi papá, con lágrimas en los ojos, sentado en su cocina y tomando su café expreso.

YO: *Está diciendo el Shema, le está diciendo al tío Marvin que me cuide, y repite una y otra vez: «Marvin, no permitas que le pase nada, quédate a su lado».*
LINDA: *Y mientras ves esto, porque puedes estar en dos lugares a la vez, ¿también puedes estar en la luz? ¿Sientes al tío Marvin?*
YO: *(RIENDO): Sí. Se ríe. Dice: «Mira, aun en el cielo tengo que obedecer las órdenes de tu padre. Te escucho, Ralph. Siempre te escucho.*

Luego vi que ya no estaba sola.

LINDA: *Ábrete más... a este nivel donde estás. Dime qué más está diciendo él.*
YO: *Hay otras personas ahí. No son amenazantes, no invaden el espacio. Solo son curiosas.*
LINDA: *¿Qué están haciendo?*
YO: *Me miran y sonríen. Siento que estoy a unos dos pasos abajo de ellos y que ellos están dos pasos arriba de mí. Como si yo tuviera que subir a su nivel, pero no lo hago.*
LINDA: *¿Quieres subir?*
YO: *Voy a subir.*
LINDA: *¿Qué otra cosa es significativa ahí, en ese nivel? ¿Qué haces ahí?*
YO: *Todos se ven normales. No se ven enfermos, no se ven como espíritus, porque yo no me siento como un espíritu. Hay algo en ellos que es más brillante. Es como cuando te haces un tratamiento facial y hay un brillo en tu piel.*
LINDA: *¿Puedes ver sus cuerpos?*
YO: *Sí.*
LINDA: *¿Los ves completos?*
YO: *Sí, los veo completos. Veo el cuerpo. Veo piernas. No veo pies. Y veo la cabeza.*
LINDA: *¿Qué clase de lugar es este?*
YO: *Es como una congregación. Estamos a la intemperie. Es brillante y blanco. Está abierto. Hay humedad bajo mis pies, pero hay calidez. Es una temperatura perfecta. Las personas usan diferentes tipos de ropa, pero es un lugar cómodo. Alguien viste una*

camisa con botones y pantalones caqui, y también hay una persona con un vestido largo que flota en el aire. Y hay alguien con shorts *y camiseta. Es la ropa que los representa en su entorno más cómodo o la personificación de la persona que representaban en forma física.*

LINDA: *¿Puedes conectarte con una o dos de las personas que están ahí?*

YO: *Mi tía Betty.*

LINDA: *¿Qué me dices de tu tía Betty?*

YO: *Me ofrece una Coca-Cola. Es la única que se tomaría una Coca conmigo. Era simplemente graciosa. Puedo saber que los demás nos están observando porque me dice: «Veo que tu madre sigue haciendo ejercicio como un animal. Vivirá mucho más que todos los que conocemos».*

Seguí hablando.

YO: *Están contentos. No sufren dolor. Están felices y cómodos, y la tía Betty se ve fantástica. Su piel no está seca, cansada. Se ve descansada. Parece que tiene alrededor de cuarenta años de edad. No se ve como se veía al final de su vida. Llama a alguien… «Ra… Raquel». Aparece mi abuela (materna) y se ve hermosa. Dice que estando en la tierra dedicó su tiempo a contar todo su dinero y «que nada de eso cuenta». Me hacen reír.*

Entonces empecé a llorar.

> ***YO:*** *Estoy triste.*

Estaba llorando porque me di cuenta que yo no debía estar ahí.

> ***YO (LLORANDO):*** *Los quiero mucho... pero no quiero estar ahí.*
> ***LINDA:*** *¿Te dan algún mensaje? Te ven sufriendo. Saben lo que estás sintiendo. ¿Tienen algún mensaje para ti?*
> ***YO:*** *Mi tío dice: «Siempre he sabido que eres una luchadora. Siempre he sabido que sobrevives». Dice: «Tú sabes qué hacer». Pero necesito ayuda, y él me dice: «No necesitas ayuda. Tú sabes qué hacer. Siempre has sabido qué hacer. Supiste qué hacer cuando hablaste con las doctoras, sabes qué hacer ahora».*
> ***LINDA:*** *Tienen fe en ti. Tienen fe en que tú sabes qué hacer.*

De pronto necesité salir. Sentí un dolor en la garganta, me dolía el estómago y tenía la garganta seca. Cuando Linda me sacó de la hipnosis, empecé a sollozar sin control. Había visto algo que no podía explicar y me había conectado con personas que se habían ido hacía años. Pero la verdadera fuente de mi angustia era el hecho de haber sentido cómo se sentía mi cuerpo mientras yo pasaba por todas esas operaciones.

LINDA: Háblame sobre este dolor, si puedes hacerlo. ¿Con qué te pusiste en contacto? ¿Qué sentiste?

YO *(SOLLOZANDO)*: No sé si fue en la operación. No sé dónde estaba, pero lo siento en todas partes. Sentía todo mi cuerpo entubado, cuchillos que me cortaban, sentía sangre y sentía que me jalaban; mi garganta estaba cerrada, no podía respirar y me dolía el corazón.

LINDA: Los síntomas deberían empezar a ceder. Entonces, ¿fue ante todo por ponerte en contacto con lo que pasó ese día aunque no estuvieras en el cuerpo?

YO: Sí, pero volteé a verme. Cuando estaba con mi tío y él me decía: «Siempre has sabido qué hacer», giré y vi todo lo que estaban haciendo. Veía cómo el bisturí cortaba todo mi vientre y los médicos usaban un instrumento para apartar todo pues necesitaban llegar hasta cierto tejido. Era una imagen terrible. Yo no podía respirar porque había un tubo en mi garganta y lo tensaron; mi corazón estaba sensible debido al paro cardiaco. Me di cuenta de que estaba consciente y mi espíritu me miraba. Fue espantoso. Era una película de terror. Con la música adecuada, la iluminación adecuada y el maquillaje adecuado, podrías asustar a cualquiera.

LINDA: ¿Es por eso que te has mantenido lejos de esto?

YO: Ajá.

LINDA: Aunque estabas consciente, físicamente consciente, ¿en realidad no sentiste esa experiencia?

Esa pregunta creó más preguntas: «¿pero cómo sabes que no lo sientes? ¿Por los medicamentos? Si el espíritu está separado del cuerpo, ¿eso significa que no puedes sentirlo? Es decir, ¿cómo sabes que no puedes sentirlo? Ya que lo que acababa de sentir, se sentía real. ¿Cómo sabes que el dolor no está almacenado en algún lugar y sale de ahí?».

Linda me explicó que el dolor ciertamente podía estar en algún depósito dentro de mi cerebro y mi cuerpo, pero me pedía que pensara en el dolor como algo que estaba en el pasado. Pensaba que había llegado el momento de prepararme para sanar mediante la relajación y pensando en ese lugar blanco y brillante.

YO: Allá la gente no estaba triste, estaban bromeando. Estaban tratando de hacerme reír y trataban de distraerme.
LINDA: ¿Qué piensas de eso?
YO: Probablemente es por esa razón que ellos no querían que yo volteara. No querían que viera lo que vi.

Fue una sensación extraña. Fue agradable ver a mi tío, a mi tía y a mi abuela, y entendí que ellos deseaban protegerme evitando que volteara. Eso hizo que me sintiera segura. Pero sabía que no podía quedarme ahí con ellos, y tal vez fue por eso que volteé.

> **YO:** El lugar donde yo necesitaba estar era con mi esposo, con mi cuerpo, así que pude regresar para estar con mi esposo.
> **LINDA:** Sentimientos muy poderosos.
> **YO:** Sí.

De nuevo le pregunté: ¿Fue real? ¿Realmente vi una congregación de espíritus? Linda no me dio una respuesta directa. Solo dijo que yo lo sabría en el futuro.

Así que continué con horas y horas de terapia de regresión en las que vi más cosas que eran inexplicables. Durante una sesión, conocí a Philip, el padre de mi esposo, que había muerto mucho antes de que yo me casara con Jonathan. Philip me habló de lo que lamentaba en la vida y de su sentimiento de que debía haber pasado más tiempo con su familia. Durante toda esa «reunión» Philip estaba jugando con una moneda extraña, era más grande que una moneda normal y estaba hecha de un metal que yo no podía identificar. No hablamos de la moneda durante nuestra visita, pero fue tan memorable que le pregunté a Jonathan sobre ella. Me dijo que no sabía nada sobre una moneda y que dudaba de que yo siquiera hubiera visto a su padre. Les pregunté sobre la moneda a la madre y a la hermana de Jonathan, y al hermano y a la nuera de Philip. Nadie sabía nada sobre una moneda. Pero semanas después, cuando le pregunté a Jeremy, el hermano de Jonathan, si alguna vez había visto una moneda de ese tipo que era de su padre, me respondió: «Es gracioso que digas eso. Hace tiempo encontré una moneda única enclavada en una fisura del traje viejo de papá». Jeremy dijo que era una moneda extranjera, que creía que su padre la tenía desde que hizo un viaje a Croacia. Eso hizo que el mensaje fuera claro para mí, y los vellos detrás de mi nuca se me pusieron de punta. El mensaje era para Jeremy, no para Jonathan. Jeremy había estado con su padre en el momento de su muerte y se sintió desolado al verlo morir. El mensaje era que yo debía tratar de aliviar el dolor de Jeremy diciéndole que no hubo nada que él pudiera hacer para salvar a su padre. Philip lamentaba que Jeremy tuviera que ser testigo de su muerte y quería que él recordara los momentos felices, como el tiempo que pasaron en Croacia, no el último momento en que se vieron.

Ahora, incluso el escepticismo de Jonathan empezó a desvanecerse.

En medio del maratón que representó una sesión de regresión de cinco horas, pude ver otras cosas y otras personas. Creo que vi al hermano de mi mejor amiga, que murió cuando tenía siete años de edad, diez años antes de que yo la conociera. Él me dijo:

—Dile a mi hermana que siempre recuerdo cómo me enroscaba el cabello. Extraño eso. Y dile que la próxima vez que esté jugando con su hijo, yo la estaré observando. Siempre estoy cerca de ella.

Cuando la llamé para preguntarle si eso significaba algo para ella, empezó a llorar y me dijo que solía enroscarle el cabello todo el tiempo. Era algo que los tranquilizaba a ambos. No tengo idea de dónde vino esa visión o cómo fue que vi a su hermano, pero estaba aprendiendo a vivir con ello.

No solo estaba teniendo visiones, también seguí sintiendo cosas. Tenía espasmos en el estómago siempre que me aventuraba a entrar a lo más profundo de la regresión. Sentía tirones en el estómago siempre que trataba de regresar a lo que parecía un triángulo de luz o siempre que veía que mi espíritu se elevaba. Siempre había un vínculo con mi cuerpo. Cuando Linda me preguntó qué significaba esto, le dije que lo sentía como un cordón umbilical que me ataba al mundo real

—...una forma física de recordarme que estamos conectados —le dije—, y si me suelto o me separo, lo único que me quedaría sería mi cuerpo y estaría muerta.

Esa conexión era una línea vital con la vida después de la muerte, y de pronto me estaba jalando de regreso a esta vida.

Capítulo 16

DESPUÉS DE ESA SESIÓN DE REGRESIÓN, me di cuenta de que tenía que dejar de vivir en el pasado. Mi viaje desde la muerte y de regreso a la vida me había desgastado tanto en lo físico como en lo mental, pero ahora había decidido vivir la vida al máximo. Tenía una familia maravillosa que necesitaba toda mi atención, y un esposo que me amaba y que necesitaba que yo volviera a estar plena. Quería abrirme a esta nueva vida, pero primero necesitaba cerrar completamente ese pasado. Decidí que eso ocurriría después del día en que Jacob cumpliera un año; ese sería el día de mi renacimiento.

Deseaba... necesitaba... expresar mi agradecimiento a todos los que habían trabajado incansablemente para ayudar a mi familia a seguir siendo una familia. Y necesitaba regresar al hospital para expresar mi agradecimiento a todos los que habían ayudado a salvar mi vida.

Cuando íbamos camino al Hospital Prentice para Mujeres, me sobrevino una ola de náusea. Constantemente trataba de recordar que solo iba a una visita, que no me iba a quedar ahí, y la sensación de náusea desapareció. Cuando salí del elevador en el octavo piso, donde había dado a luz, respiré profundamente. Me puse pálida y la sensación de náusea volvió; Jonathan me tomó de la mano con más fuerza y me dijo:

—Todo está bien. Ahora… estoy contigo.

Seguimos adelante mientras yo me esforzaba por sentirme más confiada. Habíamos hecho arreglos para que el hospital reuniera al mayor número de personas que hubieran estado ahí un año antes, y nos guiaron por la escalera hacia la estación de enfermeras. La persona que nos acompañaba nos guio hacia esa sala, pero yo no necesitaba que me mostrara el camino. Me dirigí a la puerta que decía ÁREA RESTRINGIDA; SOLO PERSONAL AUTORIZADO, y le pregunté si íbamos hacia allá. Yo sabía que en cuanto entráramos por esa puerta, nos dirigiríamos al tercer corredor a la izquierda. Sabía todo esto porque ese era el corredor por el que había flotado para ver a Adina y a Tessie jugando. Nunca había regresado a ese lugar en ningún otro momento. Sentí una especie de *déjà vu*.

Cuando entramos a la sala, las enfermeras empezaron a acercarse a mí, me abrazaban, me estrechaban la mano y me decían que habían estado en servicio el día que di a luz y tuve un paro cardiaco. Algunas habían estado en la sala de partos y habían mantenido las cosas en marcha. Tal vez no tuvieron papeles estelares, pero lo que hicieron fue vital para mi supervivencia. Yo lo sabía. Dijeron que agradecían la oportunidad de ver que estaba tan bien. Les dije que yo era la que estaba agradecida.

Una enfermera se presentó diciendo que se llamaba Jessica. Me dijo:

—Tal vez no me recuerdas, pero…

La interrumpí y le dije:

—Tú fuiste la que rompió mis costillas.

De inmediato supe que ella era la enfermera de manos fuertes que había empujado al «observador» para quitarlo del camino cuando ella empezó con las compresiones en mi pecho. La había visto en la terapia de regresión. Me sonrió y dijo:

—Estaría dispuesta a volver a romperte las costillas porque eso ayudó a salvarte la vida.

Con lágrimas en los ojos, la abracé y le dije que siempre estaría agradecida con ella.

Entregamos tarjetas y regalitos a todos los que trabajaban en ese piso y que me habían ayudado ese día y habían actuado como líneas vitales con mi familia durante esa experiencia tan difícil. Fue una pequeña muestra de cariño comparada con el don que ellos me habían dado. Muchos de ellos me dijeron que normalmente nunca ven a sus pacientes después de que salen del hospital. Me dio gusto poder mostrarles que sus increíbles esfuerzos tuvieron muy buenos resultados.

Bajé al área de diálisis. Vi a los mismos dos pacientes que habían estado junto a mí cuando recibí el tratamiento hacía muchos meses. Todavía estaban ahí, recibiendo diálisis para resolver los problemas relacionados con sus riñones, y sentí una gran empatía hacia ellos. Entonces sentí otra ola de náuseas. Jonathan me tomó de la mano, pues sabía instintivamente lo que estaba yo pensando cuando la jefa de enfermeras, que estaba en la sala, nos preguntó si podía ayudarnos. Le pregunté si podía ver a Carla; ella me miró y dijo:

—Siento que te conozco.

Le dije que había sido una paciente ahí el año anterior, y quería darle las gracias a Carla por haberme ayudado. Ella dijo:

—Vaya, fuiste nuestra paciente, no te reconocí. Te ves de maravilla.

En ese momento, Carla salió de detrás de una cortina después de atender a otro paciente. Nos abrazamos y empezamos a llorar.

Cuando estábamos terminando, se me acercó una doctora y se presentó. Era la doctora Hyo Park y me dijo que había estado en la sala de operaciones ese día. Dijo que, en realidad, ella había sido la que me atendió cuando nació Jacob. Ahí estaba, el vínculo que me faltaba. El rostro «familiar» de la doctora que había estado a mis pies y que había visto en la regresión. También me dijo que me había conocido antes de ese día. Ella era residente en el consultorio del doctor Schink, el ginecólogo oncólogo que consulté cuando tenía mis premoniciones. La doctora Park era la residente cuyo nombre nunca supe y que había estado ahí durante toda la consulta tomando notas. Ella era la otra doctora de la que Julie me había hablado. La doctora Park me dijo que también ayudó a curarme las heridas después de la cirugía. Estuvo ahí antes, durante y después. Vaya. No fue una coincidencia.

Le pregunté en qué momento se dio cuenta de que lo que me había pasado era lo que yo había predicho. Me dijo: «Yo estaba en la sala de operaciones cuando tuviste el paro cardiaco, pero yo no sabía que eras tú. Estuve en la segunda operación con el doctor Schink varias horas después, pero todavía no sabía que eras tú. Me mandaron a hablar con tu esposo después de que te estabilizaste en la Unidad de Cuidados Intensivos, y cuando iba camino a tu habitación pude ver a tu esposo. Eso hizo que me detuviera en seco. Sentí un dolor en el estómago y dije:

—¡Por D-os! ¿De dónde crees que vinieron mis premoniciones? —le pregunté.

—Honestamente, no lo sé —respondió—. Sé que solo conocemos el 10 por ciento del cerebro, y lo que no sabemos o no podemos responder podría estar en el otro 90 por ciento.

Fue la respuesta científica que yo esperaba, pero no esperaba lo siguiente que dijo.

—Fue un poco aterrador y todavía me aterroriza pensar en ello. No es algo para lo que te preparen en la universidad. Pero personalmente, creo que tus visiones ayudaron a salvar tu vida.

Ya tenía la última pieza del rompecabezas. Finalmente entendí que no solo se me salvó para estar cerca de mi hermosa familia, sino que tenía una misión. Necesitaba transmitir el mensaje de que si sientes algo debes decir algo. Hacer eso había salvado mi vida, y podía salvar la vida de otras personas.

Una amiga sugirió que creara un sitio web que pudiera servir como un recurso para otras personas que sobrevivieran a una embolia de líquido amniótico y para sus familias. Creé el sitio www.stephaniearnold.net y empecé a charlar a través de Twitter y blogspot. Hablábamos de todo, desde las complicaciones del embarazo, hasta el amor. La reacción fue abrumadora y fue como una terapia para mí.

> Tu historia es inspiradora y cada vez estoy más consciente de las madres que han sufrido una embolia de líquido amniótico, de sus familias y de sus necesidades. ¡Compartir tu historia y las numerosas historias de otras personas es la forma en que deseo apoyar tus esfuerzos a favor de la salud!
> Stephanie, eres un milagro moderno y ahora puedes dar información más detallada sobre la embolia de líquido amniótico a las mujeres y a la comunidad médica.
> Tu experiencia antes de dar a luz también podrá ayudar a las mujeres a estar más en contacto con sus instintos y les enseñará a confiar en sus sentimientos.

Me puse en contacto con Miranda Klassen de la Fundación AFE, y ella me pidió que formara parte de su junta directiva. La cobertura de mi historia había llevado la embolia de líquido amniótico a la luz pública a nivel global, y la gente estaba empezando a prestarle atención. Las personas me encontraban a través de los medios sociales, hablaban de mi historia en Twitter, me consideraban su amiga y comentaban mi experiencia desde lugares tan lejanos como Nueva Zelanda y Australia.

Les decía a las personas que deseaban más información que buscaran el trabajo que la Fundación AFE estaba haciendo con la Facultad de Medicina de Baylor College y el hecho de que habían creado el primer registro internacional para la investigación sobre la embolia de líquido amniótico. Baylor empezó a recibir más preguntas y peticiones de información para pacientes. Ahora eran más las personas que recibían información vital sobre la embolia de líquido amniótico y sobre la investigación relacionada con ella. Definitivamente, el dar a conocer la información ayudaría a responder las preguntas que han estado acosando a los médicos y a las familias durante años. Me sentí muy bien con este trabajo. Era excelente; en verdad excelente.

Sucede que cuando estás a punto de casarte lo único que ves son revistas sobre bodas y eventos relacionados con bodas de los que nunca antes habías estado consciente. Así es como yo me sentí con respecto a la embolia de líquido amniótico. Tal vez siempre había sido así, pero de pronto, cada semana me enteraba de otro caso, de otra tragedia, de otra familia en crisis. Las mujeres se estaban poniendo en contacto conmigo para preguntarme sobre sus premoniciones y sobre lo que deberían hacer. Yo las dirigía a la fundación y les sugería preguntas que podían hacerles a sus médicos. Me sorprendía que las personas me pidieran consejos.

Recibí una llamada de la revista *Today's Chicago Woman,* que quería incluirme en su publicación sobre las «100 Mujeres de Inspiración». Fue un honor estar entre mujeres realmente inspiradoras, aunque me sentía palidecer al compararme con ellas. Lo único que hice fue morir y volver a la vida. Estas mujeres estaban ayudando a salvar vidas. Eso es realmente inspirador. Yo necesitaba tomar lo que había aprendido de mi experiencia con la embolia de líquido amniótico.

⚜

Mi experiencia con la embolia de líquido amniótico me cambió y cambió la forma en que hablo de ella con las personas. Pero no solo me afectó a mí.

Mis médicos dicen que mi experiencia con la embolia de líquido amniótico ha cambiado la forma en que ellos tratan a sus pacientes. Nicole dice que ahora se da cuenta de que su interacción con las pacientes, aunque sea breve, no deja de ser trascendente. «Ahora, si una paciente expresa cierta preocupación o inquietud, yo nunca la subestimo».

Julie me dijo que sus ojos y oídos se abrieron especialmente después de ver mis videos de mi terapia de regresión. Le dio tristeza ver lo sola que yo me sentía. Dice que ahora no pierde de vista al «alma», incluso en una emergencia o en una situación de paro cardiopulmonar.

Ella cree que el alma está observando, que alma siente y que es posible hablar con el alma. Ella quisiera haber tenido esa percepción cuando yo sufrí un paro cardiaco, pero ahora la tiene y dice que nunca la olvidará.

Mi embolia de líquido amniótico ha llegado a ser parte de mí. Aunque nunca llegue a saber por qué ocurrió en primer lugar, he aceptado lo que sucedió y la forma en que me recuperé.

Capítulo 17

AHORA ERA LO BASTANTE FUERTE para ver mis expedientes médicos. Quería revisarlos y enviárselos a los investigadores de Baylor para que pudieran incluirme en el registro. Pensé que tal vez me revelarían algo que en su momento consideré insignificante pero que en realidad era importante.

Leí: «se entubó a la paciente, pero no responde. Se le administró Halcion (triazolam – sedante para el insomnio grave) porque está agitada». Leí que los médicos «verían cómo respondía la paciente en las próximas horas y si estaba lo suficientemente estable para continuar con otra cirugía». Leí los detalles de la hemorragia que sufrió mi cuerpo y los detalles relacionados con el número de médicos y enfermeras que se involucraron en mantenerme viva.

Yo estaba bien. No me estaba sintiendo mal al leer esto, así que seguí adelante.

Leí sobre el instrumental quirúrgico que se usó para mantener mi abdomen abierto, sobre los tubos que se usaron para drenar y sobre algunas cosas de las que yo no tenía conocimiento, como el hecho de que mi vejiga se había colapsado. Miré a mi prima Sari, que estaba leyendo los expedientes conmigo, y le dije:

—¿Qué? ¿Cómo es posible que yo no lo supiera?

Había páginas y páginas en las que se listaba una cantidad enorme de medicamentos y se mencionaban actualizaciones; esto hacía que la cabeza me diera vueltas. Era una pila de más de 600 páginas. Hicimos apuestas sobre el costo de toda mi estancia en el hospital, y este llegó casi a 900 000 dólares. Los registros mostraban que la factura de la Unidad de Cuidados Intensivos se dividía en costos de medicamentos, personal y habitación.

Me dio gusto saber que la terapia seguramente estaba funcionando. Finalmente podía leer mis expedientes, no como si describieran lo que le pasó a otra persona, sino como algo que me pasó a mí. Y ya no podía sentirlo. Solo hubo una declaración de un médico que me hizo sentir mal, al leerla caí de rodillas y derramé lágrimas llena de angustia: «Se le ha revelado al esposo de la paciente el pronóstico desalentador». Más que cualquier dolor que yo hubiera sufrido, saber todo lo que Jonathan había vivido me causó una herida muy profunda. Es difícil explicarlo, pero habíamos tenido un vínculo espiritual desde que nos conocimos. Yo podía sentir su dolor como si fuera mío.

Me pregunté si debería regresar con Linda para tener otra sesión de regresión y ver si podía encontrar alivio para el dolor de Jonathan, ahora que el mío parecía estar bajo control. Parecía lógico, así que la llamé y concerté una cita.

Lo que supuse que sería otra sesión de regresión resultó ser más bien un análisis de lo que había vivido con la regresión y por qué necesitaba que Jonathan estuviera al tanto de lo que yo había visto. Linda inició la sesión diciéndome que después de todos los años que ella había usado este tipo de terapia, consideraba que mi caso era muy inusual.

Linda dijo que normalmente lo que las personas ven durante una experiencia fuera del cuerpo se relaciona con el cuerpo sin vida que está en las alturas. Mi experiencia era diferente en varias formas. Bajo hipnosis, yo podía experimentar lo que sentía mi cuerpo físico y también lo que experimentaba mi cuerpo espiritual. Además, yo había creado un espacio seguro para ayudar a sanar la parte de mí que estaba indefensa y a punto de morir.

YO: ¿Significa eso que fue inexacto? ¿Lo cuestionas?

LINDA: De ninguna manera. Hay tantas cosas que no entendemos. Al hacer este trabajo, he escuchado experiencias que resultan increíbles y que han vivido las personas. Pero lo que es muy revelador es lo que sucede después. Sucede algo. En tu caso pudimos verificarlo. En la mayoría de los casos, trato de verificar lo que la persona ha sentido o ha visto, pero por lo general (y esto es lo más importante) la verificación es que el paciente sana.

YO: En la forma en que esto se ha dado, hemos tenido muchas sesiones. ¿En algún momento pensaste: «esto no es real, pero voy a dejar que ella me lleve por su camino. Tal vez esto está en el fondo de su mente». ¿Alguna vez te sentiste así?

LINDA: Yo no juzgo, pero fue muy importante para mí el que me dijeras que habías verificado las cosas con dos de tus doctoras que estuvieron presentes en la sala de operaciones. Y escuché sus comentarios. Fueron comentarios muy detallados, no solo sobre lo que escuchaste sino sobre lo que viste.

YO: ¿Qué efecto tiene eso en ti como terapeuta, al salir conmigo por el otro extremo y ver cómo estoy mejorando?

LINDA: Es una verificación de que las personas tienen habilidades que en realidad no hemos estudiado por completo. Si al menos eres capaz de tener la mente abierta, aunque esto sea algo diferente para la terapeuta, o para mí, a veces salen de esto cosas maravillosas que casi son milagros. (Por ejemplo), liberar, aliviar a la persona del dolor y en ocasiones de síntomas físicos. Así es, de modo que cuando haces este tipo de trabajo, nunca deja de asombrarte. Al menos eso es lo que me pasa a mí.

Le dije a Linda que yo estaba 100 por ciento segura de que las premoniciones llegaron de los seres espirituales que me habían estado rodeando. Eran uno y lo mismo. Le expliqué que yo deseaba desesperadamente que Jonathan entendiera lo que yo había visto y sentido. Él consideraba que todo lo que había pasado era evidencia de mis buenos instintos, aunque yo constantemente le decía que las premoniciones venían de otro lugar. Linda me dijo que en realidad yo no necesitaba que él lo entendiera, solo debía entender que para él era más importante estar ahí conmigo. Yo no estaba de acuerdo.

Jonathan fue testigo de todo; vio reacciones y escuchó testimonios que contradecían lo que él había dicho que creía. Me escuchó transmitir mensajes del otro mundo que eran correctos. Leyó de nuevo lo que yo había puesto en Facebook y mis cartas de despedida que describían desde antes todo lo que me iba a suceder. Escuchó a personas científicas admitir que no tenían una explicación para lo que había pasado. Y a través de toda la experiencia se había mantenido escéptico. Él era único para mí, era la persona más importante de mi vida. Su opinión era la única que me importaba. Yo conocía a Jonathan mejor de lo que él creía, yo solo necesitaba escucharlo decirlo.

Salí de la sesión entendiendo más sobre la regresión, pero tristemente, no había encontrado una manera de aliviar el dolor de Jonathan, un dolor que yo sabía que él estaba reprimiendo.

Varias semanas después, estaba limpiando nuestra oficina y encontré un librito de oraciones. Adentro había un signo que Jonathan había hecho cuando yo estaba en el hospital y lo había pegado en la puerta de mi habitación: DULCES PARA ATENCIÓN MÉDICA. Sonreí. En otra hoja de papel, él había calculado las probabilidades de que me diagnosticaran esta condición tan extraña. Y dentro de la contraportada del librito encontré otra hoja de papel. La abrí y se me llenaron los ojos de lágrimas cuando leí:

> 31 de mayo de 2013
> Para el único amor de mi vida, estoy aquí sentado en la quietud de la noche escuchando los sonidos de las máquinas que te rodean. Pareces un ángel, lo que hace que me sienta devastado. ¿Qué voy a hacer si te vas? ¿Cómo podré hacer que nuestros hijos lo acepten y cómo podré aceptarlo yo? Debí escuchar más, debí estar ahí, aunque solo fuera para tomarte de la mano. Debí rezar por ti. El rabino me dijo que esto es una prueba para mi fe. Si se me estaba sometiendo a una prueba, ¿por qué no me pasa directamente a mí? ¿Por qué te pasa a ti? ¿Qué significó todo esto? ¿Cómo lo supiste? No puedo perderte. Yo sería la sombra de un hombre si murieras. Por favor, no te mueras; por favor, no...

Nunca terminó esa carta.

Esa noche le expliqué a Jonathan que entendía su dolor y la forma en que se estaba protegiendo de sentirlo. Le mostré la carta que él había escrito, como un recordatorio de su vulnerabilidad, y le dije que yo necesitaba que él viera una porción del video de una regresión. De nuevo se retrajo. Le dije que yo necesitaba que él lo viera no solo por él sino también por mí.

Coloqué la computadora frente a él y busqué la sesión de regresión en que mi espíritu lo estaba viendo en la Unidad de Cuidados Intensivos. En el video dije que lo vi tomándome de la mano, murmurando a mi oído y preguntándose cómo podía sanarme. Él observó hasta el final sin decir una palabra. Cuando terminó el video, una lágrima solitaria rodó por su rostro. No dije nada. En lugar de eso, tomé mi teléfono y le mandé un mensaje de texto con algunas preguntas:

- ¿Crees que vi a tu papá?
- ¿Crees que mis premoniciones llegaron de algún lugar lejano a la ciencia?
- ¿Crees que vi a otras personas?

Su teléfono se encendió, leyó mis preguntas y empezó a teclear. Pensé que iba a recibir otra respuesta extensa cuestionando las probabilidades y buscando respuestas sin llegar a conclusiones. Me equivoqué.

- Sí.
- Sí.
- Sí.

Después agregó dos palabras muy importantes mientras las lágrimas bañaban su rostro:

- Te creo.

Capítulo 18

HACE ALGUNOS MESES TUVE un sueño sobre mi tío Marvin. Recuerdo que desperté pensando que él estaba en la habitación. Y antes de levantarme de la cama, pude percibir el olor a cigarro. Yo ya no tenía deseos de fumar, aunque los había tenido durante mi embarazo. Ahora creo que ese deseo tenía algo que ver con mi tío. Era su forma de hacerme saber que había estado conmigo todo el tiempo.

Cuando empecé a escribir este libro, sabía que quería que tuviera 18 capítulos. Este número es importante en la religión judía, pues significa «vida» (o, en hebreo, *chai*). Es interesante que mi esposo solo me haya tomado tres fotos en el hospital durante toda mi estancia ahí. Una foto en particular destaca entre las demás. Estoy en coma, en la cama, conectada a diez sondas intravenosas y con muchas máquinas funcionando por todas partes. En la esquina inferior derecha está la máquina que mantenía en funcionamiento mi corazón y mis pulmones. En un costado de esa máquina, grabado con números grandes de color negro, estaba el número 18. *Chai*. Vida. Los números ya estaban contando la historia. Yo iba a vivir.

No soy la misma persona que era antes de que todo esto pasara. Amo con más intensidad que antes. Me intereso más por cosas pequeñas. Celebro mi nueva percepción y creo que todos deberían escucharse a sí mismos sin importar lo loco que pueda parecer lo que perciben. Si percibes algo, di algo. Las fuerzas que me salvaron la vida me han bendecido. Ya no me pregunto si mis premoniciones fueron obra de la intervención divina. Sé que lo fueron. Ya no cuestiono mi fe en el mundo espiritual. A partir de mi experiencia personal de primera mano, puedo decir que ciertamente existe.

Mi terapia de ninguna manera ha terminado, pero cada vez que tengo una regresión, avanzo en la vida. Creo sinceramente que podemos predecir el futuro, que podemos viajar en retrospectiva para ver el pasado. Mi viaje me llevó a lugares que nunca pensé que visitaría y me ayudó a llegar a una nueva perspectiva sobre lo que sucede al final de esta vida.

Recientemente asistí a un funeral de una persona que mi amado esposo apreciaba mucho. Era la madre de un amigo que mi esposo había tenido en la infancia y había tratado a Jonathan como a un hijo. Muchas personas la respetaban, la amaban y la admiraban, incluyendo a políticos importantes y celebridades. Yo no la conocí bien, pero la conocí lo suficiente para apreciarla y saber que quería a nuestra familia.

Yo había asistido a funerales antes. Era un aspecto desafortunado de la vida. Normalmente marca el final de la vida de una persona y el inicio del dolor de la familia que se queda atrás. La muerte está rodeada de mucho dolor y este funeral no fue diferente. Sentí una gran compasión por la familia, pero no derramé lágrimas. Por el contrario, me di cuenta de que estaba sonriendo ante este cuerpo que acabábamos de perder. Digo «cuerpo» porque eso es todo lo que era. Lo que había muerto no era su espíritu ni su vida. Solo su cuerpo había muerto, y nos estábamos despidiendo de lo que había sido su representación física.

Sonreí porque durante mis regresiones había visto lugares y personas que nunca pensé que podría ver cuando tuve mi experiencia cercana a la muerte. En realidad yo no sabía que existía un lugar así. Había visto esos lugares con los ojos de mi espíritu, y ese día yo sabía que esta amiga nuestra estaría con las personas que yo había visto en ese espacio abierto, amplio y hermoso. Yo pude visualizar dónde estaba ella y lo fabulosa y joven que se veía. Así que mientras su familia y sus amigos del mundo físico se despedían de ella, yo sabía que su esposo y su hijo que ya habían muerto le estaban dando la bienvenida con los brazos abiertos en «el otro mundo».

Así que sonreí, esperando que no me viera Donald Rumsfeld, una de las personas distinguidas que asistieron al funeral. Sonreí cuando pensé en esta mujer alegre a la que le gustaba abordar un avión y volar a algún lugar en cualquier momento. Siempre estuvo dispuesta a vivir aventuras y no podía quedarse quieta porque necesitaba conquistar el mundo; este mundo en donde estábamos en su funeral era demasiado limitante para ella pues su cuerpo sufría dolores físicos y estaba cansado. Pero en el lugar adonde ella se dirigía, su espíritu se elevaría y el horizonte no tendría límites.

Mi viaje de vuelta después de la muerte y los sucesos que siguieron me cambiaron. Supongo que T. S. Eliot lo expresó mejor: «Vale la pena morir para descubrir lo que es la vida».

Solo una familia «normal»: tiempo después de nuestra experiencia de dolor, Jonathan y yo estamos muy conscientes de lo valioso que es el tiempo que pasamos juntos como familia.

FOTOGRAFÍA DE LORI ALLEN

Sobre las autoras

STEPHANIE ARNOLD, EN SU «vida anterior» era una productora de televisión que dedicó 27 años a crear y dirigir programas de televisión, videos musicales y documentales. Dejó el «negocio» en 2008, después de conocer al amor de su vida. Desde ese momento, lo único que deseaba producir era una familia.

Cuando nació su segundo hijo, Stephanie sufrió una condición poco común que a menudo es fatal y se llama embolia de líquido amniótico; estuvo muerta en la mesa de operaciones durante *37 segundos*. Todo lo que hace ahora es un resultado directo de su supervivencia.

Actualmente, Stephanie es miembro de la Junta Directiva de la Fundación AFE, habla sobre la defensa de los pacientes en organizaciones como la Sociedad Americana de Anestesiólogos, y ha recaudado fondos para el Hospital Prentice para Mujeres del Northwestern Memorial Hospital. Sus experiencias hicieron que la publicación *Today's Chicago Woman* la nombrara una de las «100 Mujeres de Inspiración».

Creó el sitio web www.stephaniearnold.net, donde escribe blogs y ofrece apoyo a las familias que han sufrido a causa de una embolia de líquido amniótico. Stephanie se esfuerza por llevar su mensaje en todos los lugares que le sea posible. Si PERCIBES algo, DI algo.

Stephanie vive en Chicago con su esposo Jonathan, y es la madre amorosa de Adina, Jacob y su hijastra Valentina.

SARI PADORR ES UNA PERIODISTA que ha ganado premios cuya carrera en televisión abarca 29 años como reportera, enlace, anfitriona, productora y directora de noticias. Ha recibido dos premios Emmy y un Premio Gracie Allen. Sus artículos se han publicado en el periódico *The Denver Post* y en varias revistas. Ella vive en Florida con su esposo y su hija y es prima de Stephanie Arnold.

Reconocimientos

MUCHAS PERSONAS INTERVINIERON para lograr que este libro fuera una realidad.

Mel Berger, este libro existe gracias a ti (no pude haberlo hecho en cinco palabras). *Besheret*.

Mark Itkin, gracias por tu corazón abierto, tu respeto profundo, y por ponerme en contacto con el hombre que cambió mi camino.

Mickey Maudlin; se requirió un editor con instinto visceral para lograr que este libro fuera más allá de 37 segundos de muerte.

Doctora Elena Kamel, tú eres una estrella de *rock* para algunas personas, pero eres mi roca. Gracias por las visitas a las dos de la madrugada cada noche en la Unidad de Cuidados Intensivos cuando nadie sabía que estabas ahí, o eso era lo que tú creías. Siento mucho cariño por ti.

Doctora Julie Levitt, decir «gracias» no es suficiente después de haber pasado juntas por algo como esto. Eres mi héroe, mi salvadora, y fuiste la persona que me ayudó a entender que los médicos también son personas. Gracias por haberme cuidado tanto. Siempre estarás en mi corazón.

Doctora Nicole Higgins, sé que nunca quisieras escucharme decir «gracias» de nuevo, pero no me importa. Gracias. Tenemos la misma edad. Pudimos haber crecido juntas, pero nunca nos habríamos conocido excepto en estas circunstancias. Sin tu pensamiento rápido, este final pudo haber sido diferente.

Doctora Grace Lim, eres maravillosa como doctora, como ser humano y como espíritu. Tus residentes son afortunados de tenerte como guía. Nunca pierdas la conexión espiritual que tienes y NUNCA cambies la forma en que practicas la medicina.

Doctora Hyo Park, tú solo fuiste la «residente». Pero de alguna manera estuviste presente en todos los momentos clave a lo largo de la atención médica que recibí, llevaste a cabo los procedimientos clave y tuviste un papel crucial en mi recuperación.

Linda, sin ti nunca hubiera llegado tan lejos tan rápido. Estoy agradecida por nuestro trayecto juntas y esta no es la última vez que me vas a ver. Eres un don para el mundo y para el mundo que está más allá de donde puede ver la mayoría de las personas.

A mis amigos y familiares: Andras, Divya, Camille, Joy, Mark, Steve, Chen, Lori, Gina (la esperanza de la Fundación Accreta), el rabino Mentz, Andy y Michelle, David y Melissa, Gael, Jeremy, Alice, Catalina, Mindy, Jessica, Jodi, Rachael, BJ, Robyn, Sheila y Rosalind. Todos sabemos que se requiere «toda una aldea» para resolver una situación como la que yo viví, y sin duda esta «aldea» me ayudó a sanar más rápido, a concentrarme en los aspectos importantes de la vida y a recuperar la energía de nuestra vida. Gracias.

Northwestern Memorial Hospital: Kim Armour, Nick Rave, doctor Kyle Mueller, doctor Julius Few, doctora Regina Stein, Carla, Jane y todo el personal de apoyo de los diferentes departamentos que curan el cerebro, el cuerpo y el alma. Gracias por todas sus atenciones y su cuidado al ayudarme a sobrevivir. Siempre recurriré a su hospital como el mejor hospital del mundo. Gracias.

Mamá, tu fuerza y tu determinación me llevaron hasta donde estoy hoy. Gracias por recoger los pedazos, limpiar el desorden, y asegurarte de que me sintiera protegida.

Papi, gracias por tus oraciones y tu amor. Siempre me dijiste que yo sabría cuando encontrara el amor; que me golpearía en la cabeza, y tenías razón. Siempre has sido mi roca y estoy orgullosa de ser tu hija.

Michelle, eres una hermana maravillosa. Sé que habrías movido montañas para protegerme de «ese momento». Tienes tus propios sentidos maravillosos y actúas con base en ellos. Nunca dudes de la conexión que tienes en tu interior. Tenemos vínculos en más de una dimensión y esto lo comprobó. Te quiero.

Roy, gracias por ser el hombro de apoyo que Jonathan necesitaba. Él pudo ser más fuerte porque tú estuviste ahí.

Mark, eres una de las personas que más me han apoyado. Tu crecimiento espiritual y tu guía me han ayudado a pasar a través de mares desconocidos con mayor tranquilidad de la que hubiera podido tener sin tu ayuda.

Rachelle y Carolina, no puedo expresar el amor que siento hacia ambas. Gracias por quererme como me quieren. Alan y Jeremy, ambos son muy afortunados.

Addie, gracias por permitirme pedir prestada a tu mamá para escribir este libro. Tienes unos padres maravillosos.

Tessie, mujer, no pasa un día sin que yo le dé gracias a D-os por el hecho de que hayas llegado a mi vida. Has estado ahí para mí cuando yo no podía estar presente. Has estado ahí para Jonathan cuando él no ha tenido la energía para hablar y has estado ahí para las personitas más importantes de mi vida. D-os permitió que llegaras a mi vida y sin importar dónde estés o dónde vayas, quiero que sepas que siempre estaré ahí para ti. Siempre.

Barri, gracias por creer que yo podía hacer esto.

El Procurador General Eric Schneiderman, la Delegada del Procurador General Karla Sánchez, los abogados y el personal de la Oficina del Procurador General de Nueva York, mi esposo disfrutó su puesto y el servicio que daba a las personas de Nueva York. Pido perdón por no haber apreciado sus servicios gubernamentales al inicio de esta terrible experiencia. Gracias por su paciencia y su comprensión.

La Sociedad Americana de Anestesiólogos, gracias por ser los primeros que contaron mi historia y por animarme a seguirla contando. Nadie sabe lo valiosos que son los anestesiólogos hasta que los necesitan desesperadamente. Sus médicos salvan vidas. *Cuando los segundos cuentan,* quieres tener un anestesiólogo cerca.

Miranda Klassen, gracias a D-os que sobreviviste. Sin ti, miles de personas estarían perdidas y la información sobre la embolia de líquido amniótico sería virtualmente inaccesible para el ciudadano común, para las víctimas y para sus esposos. Eres más que una sobreviviente de una embolia de líquido amniótico. Eres más que mi amiga y mi colega. Eres mi hermana. Para obtener la información más reciente sobre la embolia de líquido amniótico y la forma de ayudar, consultar www.afesupport.org.

Sari Padorr, bueno prima, si no hubieras hecho que yo contara esta historia en CBS Chicago, ¿dónde estaría yo? Creo que tu intuición es muy atinada. Creo que eres una escritora excelente y que tienes un gran instinto cuando se trata de contar una historia. Sin ti, me hubiera quedado paralizada en muchas partes de este libro. Sin ti, se me hubieran escapado elementos de nuestra infancia que estaban relacionados con lo que me estaba pasando en la terapia. Y sin ti, este libro no sería lo que es. Recuerdas la promesa que me hiciste. Gracias por abrir de par en par las puertas de la Cabaña Caribou y por hacerla un refugio para una escritora, te amo como a una hermana.

Y finalmente, me gustaría expresar mi agradecimiento a la fuerza y a las fuerzas que se conjuntaron para asegurar mi retorno seguro. No soy la única que les da las gracias; mi familia siempre estará agradecida.

L'chaim! (¡A la vida!)

Esta obra se imprimió
en los talleres de
IMPRESOS MEGAUNIÓN S.A. DE C.V.
Calle 8 manzana 49 lote 16
Deleg. Iztapalapa C.P. 09920
Col. José Lopéz Portillo
Tel. 5845-6296